重庆农村
一二三产业融合发展技术与路径

高立洪　李　萍　吴兆娟 ◎ 主编

中国农业出版社
农村读物出版社
北　京

　　强国必先强农，农强方能国强。党的二十大明确提出，要加快建设农业强国，建设宜居宜业和美乡村。全面推进乡村振兴是新时代建设农业强国的重要任务，产业振兴则是重中之重。2022年中央农村工作会议强调，要依托农业农村特色资源，向开发农业多种功能、挖掘乡村多元价值要效益，向一二三产业融合发展要效益，强龙头、补链条、兴业态、树品牌，推动乡村产业全链条升级，增强市场竞争力和可持续发展能力。我国"三农"工作已踏上全面推进中国特色社会主义乡村振兴大道，农村一二三产业融合发展已然成为现代产业发展的新特征和必然趋势。站在新的历史方位上，亟需立足新发展阶段，贯彻新发展理念，大力推动农村一二三产业融合发展，这既是贯彻落实党中央对新时代"三农"工作做出的重要决策部署，也是实施乡村振兴战略、加快推进农业农村现代化的重要举措，更是促进农业高质高效、乡村宜居宜业、农民富裕富足的重要途径。

　　重庆集大城市、大农村、大山区、大库区于一体，自然地理条件多样，农业资源多类，产业形态多种，发展水平多异，既有相对发达的大城市，又有相对落后的大农村；既有现代化水平相对较高的渝西地区，又有武陵山、秦巴山集中连片的脱贫地区；既有以粮猪菜等传统农业为主导的农产品区，又有以柑橘、榨菜等优势特色产业为主的集中产区。在全面推进中国特色社会主义乡村振兴大道上，如何瞄准农村新产业新业态带领千万农民增收致富、如何保障好粮食和重要农产品稳定安全供给头等大事、如何加强生态保护建设宜居宜业和美乡村，推动山区库区现代化和"三农"高质量发展，成为当前亟待解决的重要课题之一。

恰逢其时，重庆市农业科学院基于在种业提升、绿色高效种植、农产品加工、农业工程、美丽乡村建设等领域的研究成果，结合长期科技服务"三农"一线工作的实战经验，立足学术界及重庆相关单位的已有成果，撰写了《重庆农村一二三产业融合发展技术与路径》一书。该书重点在分析识别重庆农村三产融合发展现状问题，总结借鉴国内外三产融合发展经验的基础上，立足一产、二产、三产每一个产业链环节向其他产业链环节延伸融合的视角，研究提出适合农村一二三产业融合发展的新品种、新技术、新产品及多维路径，并以典型案例解析三产融合实践。纵观全书，我觉得值得推荐的实用之处主要有以下三点：

第一，系统研究适宜重庆农村一二三产业融合发展的新品种，堪称品种大全。在梳理新品种时，充分考虑融合发展对品种"好种（养）、好吃、好看、好加工"的需求，围绕重庆主要优势特色产业，从适宜加工和观光采摘两个角度梳理出粮油、蔬菜、水果、茶叶、中药材、畜牧、水产等方面的新品种。适宜加工品种明确了品种的特性、加工属性、适宜种植区域等特点，适宜观光采摘品种明确了品种的观赏部位、观赏期、观赏特性、适宜种植区域等特点。三产融合主体可以根据自身发展需求选取合适的品种进行生产。

第二，系统构建适宜重庆农村一二三业产融合发展的新技术，堪称技术指南。围绕一产高效循环，构建了减量化、资源化、生态立体种养等生态循环农业技术体系，明确了技术的要点、适用条件、使用效果等；围绕向二产加工延伸，构建了蔬菜、水果采后保鲜，以及果酒、乳酸菌发酵饮品、冻干果蔬脆、低糖果脯、精油等农产品加工技术体系，明确了加工技术的工艺流程、操作要点、产品质量要求等；围绕向三产休闲观光功能拓展，构建了农耕文化景观、生态农田景观、人居环境景观等农业景观设计技术体系，以及"农事体验、乡村工坊、现代科技、民俗节庆、艺术乡村、巴渝民宿"六大产品体系。为从事农产品加工和农旅融合发展的经营主体提供技术支撑。

第三，系统研究提出农村一二三产业融合发展的多维路径，堪称融合教程。立足一产、二产、三产每一个产业链环节向其他产业链环节融合发展的视角，研究提出基于一产联动的"1+"型、基于二产驱动的"2+"型、基于三产拉动的"3+"型三种融合发展路径，并就融合路径的发生条件、融合过程、融合结果等进行研究分析，厘清了三产融合过程机制。可为三产融合发展管理者、处于产业链不同环节上的实践主体等提供融合路径参考，促进乡村产业发展不断拓展融合深度、提升融合价值。

在此，我将这本书推荐给广大读者，特别是从事三产融合管理工作的同志们和推动三产融合发展的经营者们，以供参考。未来也期待有更多的"三农"著作面世，为做好新时代新征程重庆"三农"工作贡献农科力量，打造具有重庆辨识度和全国影响力的三产融合品牌。

中国工程院院士 印遇龙

前言
FOREWORD

　　农村一二三产业融合发展是推动乡村产业振兴的根本途径，是实现农业强国目标的基础和前提。近年来，党中央、国务院围绕农村一二三产业融合发展做出重要部署，先后印发了《关于推进农村一二三产业融合发展的指导意见》(国办发〔2015〕93 号)、《全国农产品加工业与农村一二三产业融合发展规划（2016—2020 年)》《关于实施农村一二三产业融合发展推进行动的通知》等系列文件，并连续在中央 1 号文件中进行强调，2022 年中央 1 号文件进一步提出"持续推进农村一二三产业融合发展"，并将其作为"聚焦产业促进乡村发展"的第一条。随着我国农村一二三产业融合发展的大力推进，全国各地农业新旧动能转换加快，乡村产业新业态不断蓬勃兴起，延伸产业链、提升价值链取得明显成效。

　　重庆集大城市、大农村、大山区、大库区于一体，具有大山大水生态资源、"巴掌田""鸡窝地"耕地特色，在全面推进乡村振兴、加快农业现代化进程中，必须立足"山地特色"，挖掘"生态优势"，丰富"乡村业态"，走一条一二三产业高度融合的山地现代农业产业高质量发展之路。而在推进农村一二三产业融合发展中，适宜加工、休闲观光等二三产业融合发展的品种、技术及路径模式，是关键支撑。基于此，我们在多年来开展农村一二三产业融合发展理论研究和实践探索的基础上，研究形成了一本适宜重庆本地需求、通俗易懂、指导性强的三产融合专著。该书共包括五个章节，第一章为重庆农村一二三产业融合发展现状，第二章为农村一二三产业融合发展国内外经验与启示，第三章为重庆农村一二三产业融合发展技术，第四章为农村一二三产业融合发展路径研究，第五章为典型案例分析。全书力求体现阅读对象的广适性、体系内容的全面性和技术路径的实操性。

本书的出版希望可为从事三产融合研究和实践工作提供新品种、新技术、新产品及融合路径参考，为推进重庆农村一二三产业融合发展起到积极的作用。本书在编写中汲取了大量已有研究成果，在此向相关专家学者深表谢意。同时，由于编者水平有限，本书难免有不足之处甚至错误之处，敬请同行专家和广大读者不吝指正。

编　者

目录

第一章　重庆农村一二三产业融合发展现状

一、农村一二三产业融合发展的理论基础

（一）概念内涵

农村一二三产业融合（以下简称"农村三产融合"）涉及多层次、多主体、多角度的内容。从不同角度看，有其不同的内涵。2015 年，中央 1 号文件首次明确提出推进农村一二三产业融合发展；2017 年，中央 1 号文件提出壮大新产业新业态，拓展农业产业链价值链；2018 年，中央 1 号文件提出构建农村一二三产业融合发展体系，同年 9 月《乡村振兴战略规划（2018—2022 年）》再次明确提出要推动农村三产深度交叉融合。国家一系列战略与政策表明，农村三产融合是当前乃至未来相当长一段时间内乡村振兴战略的重点推进工作。

近年来，国内学者对农村三产融合进行了大量研究分析：宗耀锦（2015）认为农村三产融合是指以农业农村为基础，利用要素、制度和技术创新，使农业生产突破种养环节，向产业链前后延伸、左右拓展，与加工流通、休闲旅游、电子商务等形成协同发展态势，其核心在于充分开发农业的多种功能和多重价值，并将其融合所产生的就业岗位和增值内部化、利润留在农村。姜长云（2015）指出农村三产融合发展是以农村一二三产业之间的融合渗透和交叉重组为路径，以产业链延伸、产业范围拓展和产业功能转型为表征，以产业发展和发展方式转变为结果，通过形成新技术、新业态、新商业模式，带动资源、要素、技术、市场需求在农村的整合集成和优化重组，甚至农村产业空间布局的优化。郑风田（2015）指出农村三产融合是"以农业为基础和依托，借助产业渗透、产业交叉和产业重组方式，通过形成新技术、新业态、新商业模式延伸农业产业链，由一产向二产和三产拓展，打造农业产业综合体和联合体，进而达到实现农业现代化、城乡发展一体化、农民增收的目的"。韩晓莹（2017）认为农村三产融合是"产业融合理论在农村地区经济发展中的应用，通过技术创新、制度创新带动的纵向农业产业链深化、横向农业功能拓展等形式来提升融合的质量和效益"。赵霞，韩一军等（2017）认为农村三产融合指的是"以第一产业——农业为依托，以农民及相关生产经营组织为主体，通过高新技术对农业产业的渗透、三次产业间的联动与延伸、体制机制的创新等多种方式，将资金、技术、人力及其他资源进行跨产业集约化配置，将农业生产、加工、销售、休闲农业及其他服务业有机整合，形成较为完整的产业链条，带来农业生产方式和组织方式的深刻变革，实现农村三次产业协同发展"。肖卫东，杜志雄（2019）提出，农村三产融合即以农业为基础，以经营主体为引领，以利益联结为纽带，通过产业联动、要素渗透以打破产业边界，推动农业与二三产业的有机融合。程凌燕（2021）认为，农村三产融合，就是在农村地区产业发展的过程中，通过农村三大产业之间的融合与互动，形成一二三产业共同发展、相互推进、良性循环的产业链条。

本书认为在乡村振兴背景下，农村三产融合的内涵是指以农业、农村、农民为基，以乡土文化为魂，通过要素积聚、制度改革、技术渗透、模式创新，促进农业生产突破种养环节，向产业链条纵向延伸、横向拓展，形成新产业、新业态、新商业模式，构建出一二三产业良性循环产业链条和协同发展态势。其目的是重塑乡村产业形态、调整乡村产业结构、完善乡村产业主体、拓展乡村产业空间，推动农业提质、农村繁荣、农民增收。

（二）理论基础

1. 农业多功能理论

农业多功能性概念最早在 20 世纪 80 年代末和 90 年代初日本提出的"稻米文化"中出现，1992 年联合国环境与发展大会通过的《21 世纪议程》正式采用了农业多功能性提法。1996 年世界粮食首脑会议通过的《罗马宣言和行动计划》中明确提出将考虑农业的多功能特点，促进农业和乡村可持续发展。

1999年9月联合国粮食及农业组织（FAO）和荷兰政府在马斯特里赫特专门召开了100多个国家参加的国际农业和土地多功能性会议，农业多功能性这一概念正式确立。所谓农业多功能性是指农业除了提供食品、纤维等商品产出的经济功能外，还具有与农村环境、农业景观、生物多样性、农村社会发展、食品安全、农业文化遗产，以及动物保护等非商品产出相关的环境和社会功能。

农业多功能主要体现在经济功能、社会功能、政治功能、生态功能，以及文化功能五方面。一是经济功能。经济功能是农业的基本功能，是以为社会提供农副产品为中心，同时提供观光、体验、教育等服务，取得巨大的直接和间接的经济效益。二是社会功能。主要体现为农业促进社会发展方面的功能。包括容纳劳动力就业，以及通过农副产品质量、数量及其安全性影响社会发展。三是政治功能。主要表现为农业在保障社会稳定中的作用。中国是个农业国，农业是农业人口的保险阀，农业发展的好坏直接关系中国绝大多数人的切身利益，农副产品也是国家的战略储备物资，14亿人口的中国不可能依靠进口农产品来解决食品供应问题，因此农业具有重大的政治作用。四是生态功能。主要表现在农业对生态环境的支撑和改善作用。一方面农业各要素本身就是构成生态环境的主体因子，另一方面农业在经济发展、生存环境中均具有积极重大的正效用。五是文化功能。主要表现在农业在保护文化的多样性和提供教育、审美和休闲等作用上。

2. 农业产业链理论

关于农业产业链，国内外学者从不同角度对其定义和内涵进行了阐述。大多数学者将农业产业链和供应链关联定义，李艳琦（2023）将农业产业链供应链置于同一框架进行深度研究。张其仔等（2022）指出多重供应链条复合组成农业产业链，产业链的生成基础是供应链。左两军等（2003）认为农业产业链应包括产前、产中、产后、加工、流通和消费等环节。詹瑜等（2012）认为农业产业链是从农业资源到农业最终消费品的众多环节，以及各环节间关系的总和。也有部分学者将农业产业链与供应链分类定义，认为农业产业链是以产业为节点，属于宏观概念；供应链是以企业为节点，是微观概念。如蒋逸民（2008）从三个方面比较了产业链与供应链的不同，包括研究对象的不同、研究立足点和目标的不同、研究起源的不同。部分学者则将产业链与价值链关联定义，如王艺等（2004）将农业产业链分解为基本价值链、辅助价值链和可拓展价值链，拓宽了大众对产业链的认识边界。有的学者认为农业产业链是一个综合性的复合系统，如张满园等（2009）认为，农业产业链是由产品链、信息链、资金链、技术链、契约链五大链条组成的系统。2021年农业农村部《关于加快农业全产业链培育发展的指导意见》（农产发〔2021〕2号）指出，农业全产业链是农业研发、生产、加工、储运、销售、品牌、体验、消费、服务等环节和主体紧密关联、有效衔接、耦合配套、协同发展的有机整体。

本书认为，农业产业链是由农业生产及其关联产业环节和主体构成的关系总和，是一个具有基本价值、辅助价值、拓展价值的复合系统，包括生产、加工、储运、销售等一系列基本链条，技术、资金、人才等辅助支撑链条，农业体验、观光、教育等拓展链条。

3. 农业产业集群理论

"产业集群"概念是1990年Porter提出的，农业产业集群被认为是一种农业有机群落。2020年3月，农业农村部和财政部印发了《关于开展优势特色产业集群建设的通知》，提出支持建成一批年产值超过100亿元的优势特色产业集群，推动产业形态由"小特产"升级为"大产业"，受到国内外学者广泛关注。

纵观国内外优势特色产业集群，从外在表现上总体呈现出"特、大、群、优"特征，即特色禀赋、较大规模、主体成群、优势突出。从内部运行上具有专业化的主体分工、组织化的知识扩散、标准化的质量控制、国际化的品牌溢价，并在此基础上不断横向扩张、纵向拉长，逐步形成一业为主、关联产业百花齐放的格局。在分析和综合国内多数学者的观点基础上，本书认为农业产业集群是围绕核心产业，吸引积聚一系列新型经营主体、社会化服务组织、科研院校等支撑单位，不断衍生壮大关联产业的集合。

4. 农业产业融合理论

根据国内外相关学者的研究成果，本书将现代农业产业融合发展定义为：以实现农业产业创新为目的，农业的发展在技术进步和市场开放的逐渐影响下，通过相关技术、业务、市场的相互渗透影响，从而与工业、服务业，以及高新技术产业等产生联系，使得传统农业产业的发展空间在纵向与横向两个方面发生改变，得到拓展，从而构建现代化农业产业体系的过程。现代农业产业融合发展最大的特征就是发展路径呈现"两维"化，据此可将其分为纵向产业内融合与横向产业间融合两大类。现代农业产业发展中的纵向融合是指企业以农产品为核心，打通供应、生产、加工、销售的各个环节，拓展农业产业在纵向上的增值空间，实现"供产销一体化"发展，从而将农业产业增值从原来单纯依靠农产品生产拓展到加工服务等多个领域。而横向融合是指以农业资源为核心，通过与旅游业、信息技术业等产业共同发展，吸收其他产业的发展理念与技术等，拓展农业在横向上的发展空间，把农业产业增值拓宽到旅游业、信息技术业等其他产业领域。

二、重庆农村三产融合发展现状

（一）农村三产融合发展成效

1. 形成了十大特色产业集群

重庆农村三产融合以资源现状、产业基础、发展政策为依托，不断融合提升，从规模化发展到七大特色产业链，初步形成了十大特色产业集群。规模化农业发展阶段（主要指 2010 年以前），全市围绕基础产业特色，以粮油、蔬菜、畜牧、柑橘、渔业、林果、中药材等重点产业，大力推进农业产业现代化发展，初步形成了规模化农业，此时主要是产业集群萌芽阶段。特色产业链发展阶段（主要指 2010—2015 年），全市围绕柑橘、榨菜、草食牲畜、生态渔业、中药材、茶叶、调味品等七大特色产业链进行全面发展，到2015 年，七大特色产业链综合产值达到 898 亿元，为产业集群发展奠定了良好基础。产业集群基本框架阶段（主要指 2016 年至"十三五"末），随着现代特色效益农业发展加快，以及供给侧结构性改革，产业结构调整，重庆市在"371+X"（提升粮油、蔬菜、生猪三大保供产业发展水平，着力打造柑橘、榨菜、草食牲畜、生态渔业、中药材、茶叶、调味品等七大特色产业链，大力发展休闲农业与乡村旅游，因地制宜发展区域特色产业）产业体系格局的基础上，提出了产业集群基本框架，即加快培育柑橘（柠檬）、榨菜、生态畜牧、生态渔业、茶叶、中药材、调味品、特色水果、特色粮油、特色经济林等 10 个农村一二三产业综合产值达千亿元的产业集群。到 2020 年，十大特色产业总面积达到3 048万亩[*]。

2. 探索了三种融合发展模式

依托重庆现代山地特色高效农业，初步探索了产业循环型、链条延伸型、功能拓展型等三产融合模式。产业循环型融合模式是以农业优势资源为基础，以若干涉农经营组织为主体，围绕农业相关联产业发展，将种植业、养殖业连接在一起，形成农业内部紧密协作、循环发展的生产经营方式，拓展农业增值空间。农业循环型融合模式包括以开州"猪－沼－油桃"、丰都"肉牛－有机肥（沼气工程、蚯蚓、食用菌）"、荣昌"猪牛－沼－麻竹"为代表的农业种养型模式；巫山"畜禽养殖－沼－粮果蔬（稻鸭共生、稻鱼共生）"、林下种养殖等立体复合型模式；云阳"秸秆－食用菌－菌渣－锅炉燃烧－菌包灭菌"、忠县"柑橘－橙汁－柑橘皮渣－有机肥（陈皮、饲料）"等农业副产物再利用型模式。链条延伸型融合模式主要依托涉农企业，以生产、加工或营销为关键环节，向产前产后延伸，拉长农业产业链，提升农产品附加值。如荣昌生猪产业链、重庆派森百橙汁加工、涪陵榨菜加工等链条延伸型模式。功能拓展型融合模式是依托本地绿色生态资源，强化农业与旅游、教育、健康养老、文化创意等产业融合，开发农业多种功能，培育新型业态，包括休闲农业、体验农业、康养农业、文化农业、创意农业等，提升农业价值，拓展增效增收空间。如以潼南陈抟故里油菜花景区、南川生态大观园"十二金钗"等为代表的产业支撑型模式，以綦江花坝景区、石柱黄水旅游线路农业观光带为代表的景区景点依托型模式，以石柱黄水旅游景区为代表的特色资源开发型模式。

3. 培育了大量融合发展主体

近年来，重庆市培育了大量融合发展主体，包括农业龙头企业、产业化联合体、产业联盟、社会化服务组织等。2020年，全市农业产业化龙头企业共3 716家（其中：国家级41家、市级792家），累计培育国家级农民合作社示范社150个，2个家庭农场入选全国第二批典型案例予以推广，成功组建产业化联合体15个，发起成立产业联盟1个。规模以上农产品加工企业1 135家，年销售收入上亿元的企业超过300家，农产品加工上市企业16家，43家被列为上市后备企业。重庆市立足耕、种、管、收、储、加、销等产业

---

[*] 亩为非法定计量单位，1亩=15公顷。

环节，持续推进农业社会化服务发展，成立重庆市农业社会化服务联盟，培育农业社会化服务组织 10 958 个（其中：2 216 个纳入"中国农业社会化服务"平台名录库管理），大力推广"菜单式""个性化""保姆式"等多种托管模式。

4. 积聚了多个融合发展平台

重庆市通过延长产业链、拓展农业功能，不断集聚融合发展平台。2020年，全市累计创建国家级优势特色产业集群 2 个、国家现代农业产业园 4 个、市级现代农业产业园 20 个、农业产业强镇 25 个、"一村一品"示范村镇 775个。在加工方面，已创建农产品加工示范园区 15 个，其中 100 亿级农产品加工业示范园区 4 个，50 亿级农产品加工业示范园区 8 个。在乡村休闲旅游方面，创建全国休闲农业和乡村旅游示范县 12 个、全国休闲农业和乡村旅游示范点 23 个、中国美丽休闲乡村和美丽田园 36 个、市级休闲农业和乡村旅游示范乡镇 105 个、市级休闲农业和乡村旅游示范村（社区）182 个、市级休闲农业和乡村旅游示范村点 301 个。

5. 提升了三产融合效益水平

2020 年，重庆市十大现代山地特色高效农业产业集群综合产值达到 4 500 亿元。重庆成功培育全品类农产品区域公用品牌"巴味渝珍"，创响中国百强农产品区域公用品牌 3 个，中国驰名商标 41 件，老字号 150 个，重庆市名牌农产品 483 个，有效期内"两品一标"农产品 2 770 个。全市农产品加工业总产值达 3 163.14 亿元，农产品加工产值比为 1.5：1。截至 2020 年，全市推出乡村休闲旅游精品线路 132 条，建设地标项目 268 个，培育地域产品 441 个，接待游客 2.11 亿人次，全年乡村休闲旅游业经营收入 658 亿元。全市农村网络销售额 243.3 亿元，其中农产品网络销售额 130.7 亿元；全市大品类、中品类、小品类农村电商品牌分别达 81 个、358 个、1 041 个。

（二）存在的主要问题

1. 农业产业上下游之间纵向融合不紧密

整体而言，除了榨菜等少数产业形成了较为完备的上下游整体产业链外，其他特色效益农业的产业链发育水平还相对较低。比如，重庆市建立了全球最大的晚熟柑橘加工基地，但是柑橘加工量占比还相对较小，柑橘卖难时有发生；适应市场化需求的农业社会化服务体系刚刚起步，农业新型服务业仅占农林牧渔增加值的 1.5%；适应安全、健康现代农业生产趋势要求的农业战略新兴产业严重滞后，新型农业投入品对外依存度较高；农产品现代流通方式落后，农产品浪费严重等，都对现代农业的融合发展造成较大制约，不利于产业整体效益的提高。

2. 本体产业与关联产业横向融合较粗放

近年来，利用农业产业的景观外溢效益，大力发展乡村旅游、观光农业等新型业态，不断促进农业作为本体产业和新型服务业如旅游业之间的融合发展。但总体而言，农业作为本体产业与关联产业之间的横向融合还比较粗放。实际上，在新型城镇化的大背景下，以特色效益农业区域化布局、专业化生产为契机，不仅要立足产城融合，加快一二三产业之间的融合，更应该着眼于城乡居民个性化需求，加大业态创新，加快融合步伐，持续提升产业融合的精细化程度。

3. 农业多功能演化与市场融合不突出

农业具有生产、生活、生态、美学、教育等多种功能，但在实际开发中，由于受资金、技术、人才等要素制约，开发的三产融合项目功能比较单一，如仅有单一的观光功能、单一的采摘功能、单一的食用功能，缺少向文化审美、养生保健、科普教育等功能性产品的延伸拓展。同时，三产融合项目对自身主题、产业文化、所在地域文化的挖掘不够，乡村休闲旅游主题不明显、层次较低，大部分景区景点大同小异，品牌形象不够突出。

4. 农业技术薄弱制约融合产品发展

一是适宜观光、采摘体验的农作物品种较少，而且有些品种虽具有较强的观赏特性，也有较强的保健功能，但产量较低，同时也有部分品种虽然具有较高的产量和观赏价值，但花色不够丰富，难以构建丰富多彩的大地艺术景观。急需进一步加强对观赏价值高、产量好、品质优的新品种进行选育，研究出更多适宜观光、采摘、加工的品种，增强一产向二三产业的延伸性。二是田园景观设计、功能性食品生产技术、深度体验农产品加工技术（如用于深度体验的精油深加工产品）、体验项目设计、创意项目设计等技术支撑不足，在一定程度上制约了农旅融合更宽范围、更深层次的融合发展。

5. 土地问题依然制约一二三产业融合发展

一是宏观用地政策难以落实。虽然国家出台了支持一二三产业发展的宏观用地政策，但基于耕地保护、投入产出等因素考虑，相关建设用地政策难以落地的情况依然客观存在。二是农村土地管理规则与农村三产融合用地需求不匹配。农村三产融合发展用地需求呈现出功能上复合、空间上交叉的特征，打破了常规的用地分类。从而限制了一些简易的、但富有乡土特色的农业景观、农业教育、农业科普等项目的开发。三是农村土地流转碎片化，土地流转有形市场及服务体系建设滞后，中介组织发育迟缓，农村基层组织干预行为欠规范。

第二章　农村一二三产业融合发展国内外经验与启示

一、日本"六次产业化"

20世纪90年代，由于劳动力不足、人口高龄化、性别比例失衡等因素，使得日本农村农地弃耕、可耕地面积减少、农产品自给率不足等问题严重，制约了日本农村经济发展。为解决这一问题，1996年，日本学者今村奈良提出了"六次产业"的概念，核心思想是通过鼓励农户进行多种经营，既从事第一产业即种植农作物，也从事第二、三产业即农产品加工与销售，形成一二三产业融合发展的完整产业链条，将外溢到城市的农产品加工、销售环节在地化，使农民也能享受到农产品外溢环节创造的高附加值，从而增加收入，激活农业发展活力。此过程中主要突出了农村一、二、三产业的融合，即 $1+2+3=6$，$1×2×3=6$，故称作"六次产业"。

日本推行六次产业化发展举措方面，一是完善法律政策支持体系。构建完善的法律和政策支持体系是日本全面推动"六次产业化"发展的根本。"六次产业化"理论提出后，日本政府于2008年开始相继出台《农山渔村第六产业发展目标》《农工商促进法》《食品、农业和农村基本计划》《六次产业化：地产地消法》等法律及政策文件，全面系统地推动"六次产业化"发展。通过政府引导和政策支持，建立推进委员会，推行融资优惠政策，推进农工商协同合作，将农产品生产、加工、销售及相关服务业融合起来；通过设立投资基金，完善农村基础设施建设，支持中小企业与农民合作，培育多元化经营主体，形成经营多样化和规模化格局。二是坚持农业主体地位不动摇。日本将围绕农业生产联结第二和第三产业作为推行六次产业化战略的核心，坚持农业主体地位不动摇，推动农业＋加工业＋饮食服务业融合或农业＋休闲旅游业融合，延伸农业产业链，积极拓展农业的多功能性，挖掘农产品生产加工过程中的多重价值，开发农业生态功能，推进观光农业、创意农业发展，构建多方利益共同体，解决农业经济效益不足、要素集聚困难、产业协同率低等问题。三是设立严格的"六次产业化"认定标准。针对"六次产业化"开展综合化事业计划和研究开发、成果利用事业计划申请认定。认定成功，就可以享受相关法律的特别措施支持，可以就新产品、新加工或销售渠道开发等工作向各级六次产业化支持中心进行咨询，也可以就设施维修等需求申请补助金，还可享受研究开发、成果利用事业计划的支持政策，如在申请品种注册中降低或免除申请费，开发高附加值商品的补助金等。四是促进农产品地产地消，即促进当地生产的农产品被本地居民消费，在加工、流通、消费等环节内化于地域内部。日本通过法律和政策文件，对都道府县、市町村都提出了建立地产地消计划的要求。通过地产地消计划，培育优质农产品，推动产品研发和生产销售，提高产品就地转化率，将产业利润更多地留存在本地，既加强了生产者、消费者及相关经营者的联系，减少了流通成本，扩大了消费，提高了食品自给率，同时也为小规模生产者创造了收入机会，进一步促进了农林渔业的六次产业化。此外，日本政府还通过建立农工商合作网络、成立产业化扶持基金、构建区域协调发展机制、创建人才培养计划等多项措施系统推动"六次产业化"战略发展。

在产业经营主体方面，日本政府通过财税优惠、技术支持等政策，坚持保障当地产业经营主体的权益，尤其是保障农户的合法权益，避免大型企业与农户竞争造成农户利益受损。在制度保障方面，强调行政主导。建立完善的农地制度，保障农民土地权益；利用财政杠杆建立财税金融制度，在不同政府层面成立各类涉农产业基金，推行信贷优惠；颁布"地产地销计划"建立生产经营制度，实现农产品质量和农业经济效益的双重提升；成立各类专业化支持机构建立行业协会制度，全力推动六次产业化发展。

日本推动"六次产业化"后，农业活力得到增强，农民收入得到明显增加。根据日本政策金融公库的调查数据，日本国内接近70%的产业经营主体在实施了农业六次产业化后经济效益出现了明显提高，吸纳了大量的妇女就业，2010—2015年间吸纳的就业数占比维持在46%左右，农村就业人数明显提升。在农业生产相关事业方面，就业人数从2010年的39.95万人提高到了 2018 年的 44.15 万人。"六次产业化"的销售总额显著提升，2010—2015 年间，六次产业销售额在农业总产出中的比重维持在 16% ~ 19%，与申请认定时相比，从业者平均销售额约达 8 400 万日元，增加 70%。农业生产相关事业销售总额年均增长率为 3.05%，水产品加工销售总额年均增长率为 4.06%。综合来看，日本农业六次产业化的推行为一二三产业的从业者都带来了显著收益。

日本与我国同处东亚，在资源配置和人口密集度等方面具有相似性，其六次产业化同我国农村三产融合发展的内涵相近、目标相似、本质相同，发展的成功经验对我国农村一二三产业融合发展具有较强的借鉴意义。

 二、欧美发达国家

（一）美国

20 世纪 60 年代以来，美国生物农业、数字农业、生态农业、旅游农业等新型产业形态迅速兴起，为美国农业的三产融合提供了巨大动力。美国的三产融合主要是建立在现代农业基础上的农工商一体化模式，采用农民与市民风险共担、利益共享的模式，以现代工商业和科技为依托，形成多层次的交换关系。

美国通过"农业综合企业"打破产业界限，形成集农产品生产、加工、销售、服务于一体的全产业链，大力推动一二三产业融合发展。美国农工商一体化模式的经验在于，一是建立了完善的农业支持政策，有效推动产业融合。在立法方面，建立了涉及农业、土地、金融信贷、农产品价格、国际贸易等诸多领域的完善的农业立法体系，保障了美国农业的地位和农民的权益；在财政支持政策方面，重点对农户农产品储藏进行补贴，重点向中小型农业企业倾斜农业科技研发投入；在金融政策方面，美国农业信贷和农业保险业务发达，长期对家庭农场主实施低息或财政贴息贷款、政府信贷担保，以及"无追索权贷款"等政策，贷款形式多样、优惠幅度大、还贷周期长，为农业融合发展提供了充足的资金支持；在税收政策方面，美国会给予符合条件的农民合作组织减免税收或全免税收的待遇，其减免税收的比例通常为工商企业的 1/3 左右，以激发农民从事农业生产经营的积极性。二是美国建立了完善的农业信息服务体系，形成了连通政府、地区、科研院校、企业等多部门的专业化农业信息系统，为农产品生产、加工、销售等经营主体提供充分的国内外市场信息，以便农业经营主体做出合理的经营决策；构建了覆盖全球的农村电商经营网络和发达的交通运输网络，为农产品电商市场提供了一流的配套服务。三是美国大力支持与保护合作社的发展。设置如农业部农村合作经济组织管理局等专门机构，对合作社进行专业管理，出台各种政策支持合作社发展，并为合作社提供产品市场开拓、成员培训等服务。

（二）法国

法国是世界上农副产品的主要出口国，也是欧盟最大的农业生产国。法国的农业产业化是在 20 世纪 60 年代开始出现的，农业合作社是法国农业产业化的重要载体，法国农业产业融合正是通过农业合作社、农会等高度自律的行业管理体系得以实现。

法国农业产业融合的经验在于：一是完善的政策制度有效促进三产融合。法国政府相继颁布了《农业指导法》《农业共同经营组合法》《合作社调整法》等相关法律，通过立法保护建设农业合作社，使其成为农业产业化的重要载体。建立了完善的税收制度，对其农产品加工企业实施税收减免、加速折旧和亏损结转等优惠政策，如农产品加工合作社可享受 35% ~ 38% 的公司税减免和 50% 的不动产税减免等；法国政府建立了由国家、地方和农场三级组成的学科齐全的农业科研机构体系和农业科技推广网络，建立了以高等、中等农业职业教育和农民业余教育为主的农业教育体系，加强对农民的专业技能培训及现代农业经营理念灌输。实施"技术咨询补贴"政策，鼓励农村合作经济组织接受技术咨询，补贴额度约为咨询费用的 30%。完善的政策制度，促使法国在粮食、酒类、奶类、蔬菜、水果等各类产业上实现了一体化经营，推动了产业融合。二是一体化经营的合作社生产延长了农业产业价值链，进一步促进了三产融合。法国农业合作社是农业与工业及其他产业部门紧密结合的供应链一体化生产组织形式，已整合到国家农业和粮食生产各环节，是法国农业和食品工业的重要组成部分。大量合作社及农业联合组织有机结合了生产、供应、加工、销售等各个环节，极大地提高了农业生产率，降低了农业生产经营成本，增加了农业产业附加值。三是先进的信息管理平台为产业融合创造了条件。法国农业信息服务非常完善，农业合作社都有很完整的虚拟农产品物流供应链，可以将供应商、农场主、农户、批发商、零售商紧密连接起来，而法国发达的冷链物流网络，也保证了整个供应链上各环节的质量。四是发展乡村旅游有效推动农旅融合。法国结合农业和旅游业的优势，开创了享誉世界的乡村旅游模式。法国乡村旅游起步于 20 世纪 70 年代，经过几十年的探索和发展，有了一套较为完善的经营管理模式，以及自己的行业标准。法国乡村旅游以本地农户为经营主体，通过兼具本土特色和品牌文化创意的产品设计，避免同质化竞争。如普罗旺斯薰衣草、波尔多葡萄酒等系列产品，都是法国乡村旅游的特色文化名片。此外，法国乡村旅游还建立了完善的营销运营体系和高度自律的行业管理体系，制定了行业规范和标准，在不同层面为乡村旅游提供支持，促进农村第三产业与第一二产业的有效融合。

（三）荷兰

荷兰地少人多、国土面积小、农业资源匮乏，但其通过发展集约农业，构建高效的农业产业链，发展创意农业，建设有活力的"新农村"，建立农民合作组织和高度发达的农业知识创新体系，促进了农村一二三产业的深度融合，实现了农业现代化。

荷兰农村一二三产业融合的经验在于：一是建立了完善的农业法律体系，为农业产业的一体化融合发展提供保障。1924 年以来，荷兰陆续出台了一系列法律法规，土地制度是荷兰农业制度的基础和核心，使得荷兰土地资源得以高效利用。20 世纪 80 年代后期，荷兰政府出台并实施了严格的生态环境保护制度，构建了严格的农产品质量安全体系，保障了荷兰农业的规范化、现代化发展。荷兰政府通过实施一体化的行政管理措施，构建了包括生产、加工、销售、贸易、环保、农业教育及科研推广等全产业链的完整的农业社会化服务体系，从社会化组织的角度为三产融合发展保驾护航。荷兰政府高度重视合作金融制度和金融支持政策在农业产业融合发展中的作用，成立了世界上较早的农民合作银行，为 90% 以上的农民提供信贷，为荷兰农业生产者提供包括无息或低息贷款以及信用保险等优惠政策，如从事农产品加工的农业生产者可享受 4% ～ 6% 的低利率贷款政策，解决了农业产业化发展中的资金问题。此外，荷兰政府通过制定严格的市场准入制度和公平的交易制度，构建打通农产品产前、产中、产后的营销链，推动农业产业融合发展。在完善的政策法律基础上，荷兰形成了花卉、奶业、蔬菜水果等产业的一体化经营，实现了产业的高度融合。

二是依托家庭农场推动规模经营，建立互惠共赢的农业合作模式。荷兰农业以家庭农场经营为主，农民按照民主自愿原则，建立互惠共赢的农业合作组织抵御市场风险，形成了社会化服务的合作社和法定产业组织的合作社两种类型，使农户既能协作起来形成自己的市场势力，又能深入产业链的各个环节，实现规模化、集约化经营优势，调整产业结构，提升国际竞争力。发达的合作社体系是荷兰成为全球发达农业典范的最有力的制度支撑，全产业链发展是荷兰农业合作社最大的特点。荷兰家庭农场与合作社相辅相成，利益高度相关，家庭农场以生产为基础，合作社以服务为引领，共同构成荷兰高度发达的现代农业体系中最坚实的微观制度支撑。

三是利用高新技术构建高效农业产业链，打造产业集群。将计算机技术、生物技术、机器人等信息技术应用到农业生产，构建从田园到餐桌的完整产业链。近年来，随着高新技术和产业创新发展，荷兰在高效的农业产业链基础上构建了产业集群。例如，花卉是荷兰最具有代表性的完整产业链，"绿港"是荷兰花卉一二三产业深度融合形成产业集群的代表。"绿港"通过政府主导构建涵盖花卉产业相关企业和研究机构的综合性产业区，形成花卉产业从育种到销售的完整产业链，而且整条产业链环环相扣，产业链上的利益相关者构成利益共同体，最大化地发挥聚合效应。如花农和花商无缝对接，花农专注于鲜花的品质，花商专注于包装、运输、冷藏。双方按照销售额的 1% 出资共同建立由花卉协会运作的全球花卉推销基金，扩大销售，加大宣传，提升荷兰花卉产业的国际竞争力。

四是发展创意农业，提高产品附加值。荷兰大力发展创意农业，将农业产业与旅游观光、文化创意高度融合，在高度集约化的农业生产模式和高效完整的产业链支撑下，荷兰创意农业产品的附加值显著提升。以占荷兰农业生产总值 1/5 的花卉产业为例，以球茎花卉为主的库肯霍夫公园，每年以特色主题花展吸引全世界数以百万的游客前去参观，被誉为世界最成功的农业主题公园，已成为荷兰花卉的重要名片，主题公园及花卉创意产业的开发大幅提升了荷兰农业的附加值。荷兰农业同时依托高新技术的支撑，将数字化、智能化应用于全产业链的各个环节，构建科技含量高的农产品品牌形象，提高农产品附加值，实现效益最大化。

五是构建了高度发达的农业知识创新体系。荷兰在成立的国家农业科学中心的基础上，将农业研究、推广、教育三者结合构建农业知识创新体系。体系的核心在于通过政府的力量将研发的各类新技术传授给农业从业人员、农民及相关主体，以此将新技术应用于实践，推动荷兰农业现代化发展。在荷兰农业知识创新体系中，基础性、战略性和政策性方面的研究以大学和研究所为主，而应用性研究则以试验站、地区研究中心及实验企业为主。荷兰政府通过遍布全国的农业知识创新体系网点和农业推广站，为农户提供农业生产信息，为农产品深加工提供技术支撑，促进科研成果的快速转化，从而提高荷兰农业整体的生产效率。

三、国内农村三产融合的做法及经验

纵观发达国家的成功经验可以发现，现代农村经济的发展需要依靠产业融合。我国农业产业发展早已脱离了小农业的发展范畴，与第二、三产业融合发展已成为现代农业发展的大趋势。自2015年中央1号文件提出"推进农村一二三产业融合发展"后，国家先后出台《关于推进农村一二三产业融合发展的指导意见》《关于大力发展休闲农业的指导意见》《关于进一步促进农产品加工业发展的意见》等文件，给予相应的政策和资金支持，大力扶持农村三产融合发展。政策出台的频率高、内容涵盖广、支持力度大，为农村三产融合营造了良好的发展环境，提供了坚实的保障。

当前，我国三产融合蓬勃发展，农业产业链不断加粗拉长，农业多功能不断挖掘和拓展，农业新产业新业态新模式不断涌现，推动了我国农业的转型升级和高质量发展。具体表现在：一是三产融合主体逐渐多元化。截至2021年年底，农业部门认定的家庭农场达390万家，经营土地面积1.62亿亩；全国依法登记的农民专业合作社达225.9万家，联合社超过1.4万家；县级以上农业产业化龙头企业达9万家，其中国家重点龙头企业1959家，全国以综合托管系数计算的农业生产托管面积为3.64亿亩，从事农业生产托管的服务组织数量超过90万个，服务农户7800多万户。农业生产经营主体呈多元化趋势并不断发展壮大。二是三产融合发展模式渐趋多样化。全国各地探索形成了多种产业融合模式，可归纳总结为：产业内部交叉融合型（如"粮经饲"三元种植结构和新型种养模式等）、产业链延伸融合型（如农产品初加工、农副产品精深加工、产供销一体化等）、功能拓展融合型（如休闲农业、乡村旅游等）、科技渗透融合型（如农村电商、智慧农业、产地直供直销等）等多样化的三产融合模式。三是三产融合主体间利益联结机制日趋紧密。逐步形成了订单合同、股份合同、流转优先聘用等各种利益联结机制。

国内农村三产融合发展典型案例，以四川省成都市郫都区战旗村发展最具代表性。战旗村实现三产融合发展最重要的一步，是创新土地经营，充分发掘土地价值，推动农村一二三产业的深度融合。2015 年，成都市郫县被列为全国土地制度改革试点县，战旗村抓住机会，将原属村集体所办复合肥厂、预制厂和村委会老办公楼共 13.447 亩闲置集体土地，以每亩 52.5 万元的价格出让给四川迈高旅游资源开发有限公司，收益超过 700 万元。被整理出来的土地除了用于村民集中新居建设，其余土地通过多种方式吸引了榕珍菌业、妈妈农庄等企业和项目落户，并率先开展清产核资、股权量化，成立村集体资产管理公司，实施农村集体产权制度、耕地保护补偿制度、农地流转履约保证保险制度、集体资产股份制、农村产权交易等"五项改革"，敲响四川省农村集体经营性建设用地入市"第一锤"。同时，在产业发展方面，优化生产体系，按照建基地、创品牌、搞加工的三产融合发展思路，建成绿色有机蔬菜种植基地 800 余亩。优化经营体系，组建 2 个蔬菜专业合作社，引入京东云创平台、"人人耘"智慧农业，培育省市著名商标品牌 3 个。优化产业体系，引进培育榕珍菌业、满江红等 16 家企业，延伸产加销链条；建成 AAA级景区，年接待游客 40 余万人次，实现农商文旅融合发展。2020 年，战旗村集体资产达 7 264 万元，集体经济收入 571 万元，村民人均可支配收入达3.24 万元。

从战旗村三产融合的经验来看，将创新土地经营模式与集体产权制度改革同步进行，以土地集中经营，集体经营性建设用地入市，获得村集体经济发展"第一桶金"。在此基础上，招商引资，构建全产业链条，带动旅游发展，提升村集体经济收入，增加农民资产性收入，最终实现一二三产业的深度融合，已成为当前我国农村三产融合发展值得借鉴的典型案例。

虽然近些年我国农村一二三产业融合正在高速发展，但与发达国家相比，仍存在产业融合度低，层次不高，尚未实现生产导向型向消费导向型转变，产供销、农工贸脱节，各主体之间尚未形成利益共同体，农产品加工业相对滞后，农产品加工产值远低于发达国家等诸多问题。

四、对重庆农村三产融合发展的启示

日本、美国、欧洲等发达经济体在不同的历史时期都不同程度地经历过乡村衰退的过程，在借鉴其三产融合发展经验的基础上，重庆应立足自身特色，从制度建设、产业链条延伸、高新技术创新等方面推动三产融合发展。

1. 持续优化支持政策

借鉴日本和欧美发达国家三产融合发展的经验，重庆农村三产融合发展要持续加大对农村产业融合发展的政策支持，探索开展农村产业融合经营主体认证试点，出台认证制度，只有符合认证条件的经营主体才有获取政策支持的资格，解决当前三产融合财政支持主要体现在项目支持上导致的"重项目申请、轻项目成效"现象，推动政策的精准发力，加强政策后续监管。

2. 推动产业内外延伸

欧美发达国家高度重视三产深度融合，通过打造产业集群形成规模效应和范围效应，延伸产业链，增加产品附加值，提升农产品的国际竞争力。重庆作为一个"大城市、大农村"并存的现代山地特色高效农业发展区，更应根据多样化的资源环境，重点建设高效的农业产业集群，构建完善的三产业融合链条，打造拳头产品，提升产品竞争力。向内合理布局农产品生产基地和农产品加工企业，构建生产与加工快速衔接的上下游产业格局，促进"农＋工"融合；向外进一步推动农业与相关服务业的融合，发展休闲农业与乡村旅游，促进"农＋旅"融合。

3. 拓展农业多功能性

一是发掘和推广农业文化价值。借鉴发达国家乡村旅游推动农旅融合的经验，依托重庆独特的风土人情，挖掘巴渝特色文化元素和内涵，注入休闲农业和乡村旅游发展过程中，形成独具地方文化特色的融合模式。二是拓展农业生态功能。利用轮耕休耕制度、生物防控、生态种养、循环农业等技术，积极发展生态农业，保护农业生态环境，提升农业生态景观，推动种、加、销、游一体化融合，实现农业可持续发展。

4. 推动农业技术创新和推广

日本、荷兰等国家能在"先天不足"的条件下成为农业强国，与其大力推动农业技术创新有着密切关系。在人多地少、地块破碎、高温寡照等资源环境条件的约束下，重庆实现产业融合，必须在传统农业的生产、加工、销售、服务等过程中融入"互联网+"、大数据、云计算等新型科技力量，实现跨界融合，才能不断推动产业升级；必须加大研发农作物新品种，农业设施、节能减排、加工冷链物流等新技术、新方法的创新和推广，才能进一步推动产业实现深度融合。

第三章　重庆农村一二三产业融合发展技术

本章重点围绕重庆农村一二三产业融合发展的新品种、新技术、新产品需求，进行农村一二三产业融合发展技术体系构建，包括技术体系构成、技术特征分析、适用范围明确等，力求体现农村一二三产业融合发展技术的集成性、先进性、创意性、实用性。

一、新品种

农业品种是农业发展的基础，是实现农村一二三产业融合发展的核心要素。从发展要求来看，适合农村一二三产业融合发展的品种要具备"好种（养）、好吃、好看、好加工"四个特点。"好种（养）"要求品种的可种植性、可养殖性高，适宜规模化生产，生产成本低，产量高；"好吃"要求品种的品质高，营养价值高，能满足消费者多样化食用需求；"好看"要求品种有一定的观赏价值，可形成特色农业生产景观，吸引游客休闲观光，发展乡村旅游；"好加工"要求品种的加工体验性高、加工产出率高，可满足游客 DIY 加工体验，也可满足规模化加工生产需求。

重庆具有得天独厚的种源优势，"山地""山水"的鲜明特征赋予了重庆丰富的物种资源。全市有珍稀、特优地方品种和野生近缘植物资源 2 700 余种，可生产利用植物资源 560 余种、动物资源 600 余种，是川党参、石柱黄连、秀山山银花、酉阳青蒿等道地中药材主产地，也是涪陵龙眼荔枝，以及17 个国家级畜禽遗传资源原产地。重庆是全国重要的粮油、蔬菜、畜禽、水果、中药材等农产品生产基地，具备农村一二三产业融合发展的现实基础。在此主要从种植业和养殖业两个方面，简要介绍重庆适合农村一二三产业融合发展的粮油、蔬菜、水果、茶叶、中药材、畜牧、水产等优势特色品种。

（一）粮油

"民以食为天，食以粮为本。"重庆始终把发展粮食生产、确保大宗农产品有效供给作为农业的根本任务，为经济社会大局稳定起到了基础性作用。2020年，重庆粮食播种面积达到3 004.5万亩、粮食总产量1 081万吨；油菜种植面积达到387.4万亩，单产达到132.6千克/亩，总产量约51.4万吨。近年来，重庆积极推进成渝地区双城经济圈绿色优质高效粮油产业带建设，示范推广Q优、渝优系列等优质稻，庆油系列、渝油系列等双低油菜，鲜食玉米等高产高效品种，加快发展鲜食和高淀粉马铃薯、甘薯，高蛋白大豆，菜用胡豌豆等特色杂粮，实现了从"吃得饱"向"吃得好""吃得营养"转变，不断推进粮油一二三产业融合发展。本部分着眼于高产高效、休闲观光两个方面，简要介绍目前适宜重庆的精深加工和休闲观光品种。

1. 适宜加工品种

重点介绍水稻、油菜、玉米、小麦、高粱等加工品种，主要从品类、品种名称、品种特性、加工属性、适宜种植区域、播种期和栽培难易程度等方面阐述品种相关情况（表3-1）。

2. 适宜观光品种

重点介绍水稻、玉米、大豆等观赏品种，主要从品类、品种名称、品种特性、产品属性、适宜种植区域、播种期和栽培难易程度等方面阐述品种相关情况（表3-2）。

表3-1　精深加工型粮油品种

品类	品种名称	品种特性	加工属性	适宜种植区域	播种期	栽培难易程度
水稻	渝香203	在长江上游作一季中稻种植，全生育期平均156.8天，株型适中，熟期转色好	整精米率59.0%，长宽比3.0，垩白粒率13%，垩白度2.3%，胶稠度64毫米，直链淀粉含量18.7%。达到国家《优质稻谷》标准2级	适宜在贵州、重庆的中低海拔籼稻区、四川平坝丘陵稻区、陕西南部稻区的稻瘟病轻发区种植	3月下旬至4月上旬播种	易

（续）

品类	品种名称	品种特性	加工属性	适宜种植区域	播种期	栽培难易程度
水稻	渝香优8133	在重庆作一季中稻种植，全生育期平均156.3天，株型适中，分蘖力强，熟期转色好	糙米率82.3%，整精米率57.7%，粒长7.7毫米，长宽比3.5，垩白粒率10%，垩白度0.9%，胶稠度82毫米，直链淀粉16.7%，透明度1级，达到农业行业《食用稻品种品质》标准二等	适宜重庆海拔800米以下地区作一季中稻种植	渝西及沿江河谷地区3月上中旬播种，深丘及武陵山区3月下旬至4月初播种	易
	渝香优8159	在重庆作一季中稻种植，全生育期平均157.6天，株型适中，分蘖力强，熟期转色好	糙米率79.9%，整精米率63.8%，粒长7.1毫米，长宽比3.2，垩白粒率9%，垩白度1.9%，胶稠度76毫米，直链淀粉含量14.7%，透明度1级，达到农业行业《食用稻品种品质》标准二等	适宜重庆海拔800米以下地区作一季中稻种植	渝西及沿江河谷地区3月上中旬播种，深丘及武陵山区3月下旬至4月初播种	易
	渝香糯1号	在重庆作一季中稻种植，全生育期平均150.9天，株高适中，株型较紧凑，剑叶挺直，分蘖力中等	糙米率77.5%，整精米率39.4%，长宽比2.3，胶稠度100毫米，直链淀粉含量2.4%。稻谷品质符合籼糯稻谷规定指标	适宜重庆海拔800米以下地区作一季中稻种植	渝西及沿江河谷地区3月上中旬播种，深丘及武陵山区3月下旬至4月初播种	易
	渝红优9341	在重庆作一季中稻种植，全生育期平均153.2天，株型适中，分蘖力中等	种皮红色，糙米率81.2%，整精米率65.8%，粒长7.0毫米，长宽比3.0，垩白粒率7%，垩白度1.1%，胶稠度72毫米，直链淀粉含量14.8%，透明度1级，达到农业行业《食用稻品种品质》标准二等	适宜重庆海拔800米以下地区作一季中稻种植	渝西及沿江河谷地区3月上中旬播种，深丘及武陵山区3月下旬至4月初播种	易

（续）

品类	品种名称	品种特性	加工属性	适宜种植区域	播种期	栽培难易程度
油菜	庆油8号	全生育期209天左右。中抗菌核病，中抗病毒病，霜霉病发病较轻，抗寒性较强，抗裂荚，抗倒伏	芥酸含量0.158%，硫苷含量25.68微摩尔/克，含油量51.54%	适宜在重庆、四川、贵州、云南、湖北、湖南、江西、安徽、江苏、陕西汉中及安康的冬油菜区秋播种植	移栽于9月20日播种，10月下旬移栽；直播于10月上旬播种	易
	庆油3号	全生育期平均为210.7天。低抗菌核病，中抗病毒病，耐冻能力较强，低抗裂荚，抗倒性较强	芥酸含量0.1%，硫苷含量21.61微摩尔/克，含油量49.96%	适宜在湖北、湖南、江西、安徽、四川、重庆、贵州、云南、以及陕西省汉中、安康的冬油菜区秋播种植	丘陵山区在9月15日左右，平坝浅丘区在9月25日左右播种育苗	易
	渝油28	全生育期219天。低感菌核病，抗倒性较强	芥酸含量0.0%，硫苷含量21.54微摩尔/克，含油量43.35%	适宜在四川、重庆、云南、贵州和陕西汉中、安康冬油菜区种植	育苗移栽9月上中旬播种；直播于9月下旬至10月上旬播种	易
	渝南油683	全生育期216天。低感菌核病和病毒病，抗倒性中等	籽粒含油量42.68%，芥酸含量0.10%，饼粕硫苷含量20.76微摩尔/克	适宜在四川、重庆、云南、贵州、陕西汉中和安康冬油菜区秋播种植	9月上中旬播种	易
玉米	渝单722	幼苗叶鞘紫色，叶片绿色，叶缘绿色，花药黄色，颖壳紫色。果穗筒形，穗轴白色，籽粒黄色、半马齿	籽粒容重805克/升，粗蛋白质含量10.07%，粗脂肪含量3.57%，粗淀粉含量75.0%，赖氨酸含量0.28%	海拔800米以下的丘陵、平坝、低山地区	3月上旬至4月下旬播种	易

（续）

品类	品种名称	品种特性	加工属性	适宜种植区域	播种期	栽培难易程度
玉米	渝单59	株型半紧凑，株高287厘米，穗位高113厘米，穗呈长筒形，穗轴红色，籽粒黄色、半马齿型，抗大斑病，中抗小斑病、茎腐病和穗腐病，感纹枯病	籽粒容重754克/升，粗蛋白质含量10.0%，粗脂肪含量4.33%，粗淀粉含量71.53%	适宜重庆海拔800米以上地区种植	3月下旬至4月上旬播种育苗	易
	渝单821	株型半紧凑，株高298厘米，穗位高122厘米，果穗长筒形，穗轴白色，籽粒黄色、硬粒	籽粒容重798.0克/升，粗蛋白质含量9.77%，粗脂肪含量3.66%，粗淀粉含量76.57%，赖氨酸含量0.24%	适宜在西南春玉米区的四川省、重庆市、湖南省、湖北省、陕西省南部海拔800米及以下的丘陵、平坝、低山地区种植	3月上旬至4月下旬播种	易
	渝甜糯990	生育期87天，株型半紧凑，株高241厘米，穗位高107厘米，穗轴白色，籽粒白色	糯甜比3：1，外观品质和蒸煮品质87.2分	适宜四川省、重庆市、贵州省、湖南省、湖北省及云南省中部等地区种植	3月下旬至4月上旬播种育苗	易
小麦	渝麦17	春性常规品种，幼苗直立，叶深绿色，株高92厘米，方形穗，长芒，白壳，白粒，半角质	适宜加工面条、馒头等	适宜重庆麦作区种植	海拔500米以下丘陵平坝区在10月下旬至11月上旬播种，海拔500～900米深丘低山区在10月中下旬播种	易

（续）

品类	品种名称	品种特性	加工属性	适宜种植区域	播种期	栽培难易程度
小麦	渝麦24	春性常规品种，幼苗半直立，株高77厘米，长方形穗，长芒，白壳，白粒，半角质	适宜加工饼干、白酒等	适宜重庆麦作区种植	海拔500米以下地区在10月下旬至11月上旬播种，海拔500～900米地区在10月中下旬播种	易
	渝糯麦872	中抗条锈病，高感白粉病，中感赤霉病	适宜加工特色面条、白酒等	适宜重庆麦作区种植	海拔500米以下地区在10月下旬至11月上旬播种，海拔500～900米地区在10月中下旬播种	易
	渝黑521	春性常规品种，幼苗半直立，株高91厘米，长方形穗，长芒，白壳，紫黑色粒，半角质	可加工多种特色杂粮食品	适宜重庆麦作区种植	海拔500米以下地区在10月下旬至11月上旬播种，海拔500～900米地区在10月中下旬播种	易
高粱	晋渝糯3号	株高173.9厘米。叶片长形，叶较大，芽鞘色浅红色。中散穗型，穗呈长纺锤形，壳黑色，籽粒红色	适宜加工白酒	适宜重庆种植	3月上旬至4月中旬均可播种	易
	渝粱糯5号	株高137.2厘米，穗长38.4厘米，芽鞘浅紫色，幼苗绿色，中散穗型，穗呈纺锤形，育性94%	适宜加工白酒	适宜重庆种植	3月上旬至4月中旬均可播种	易

（续）

品类	品种名称	品种特性	加工属性	适宜种植区域	播种期	栽培难易程度
高粱	渝粱糯6号	株高123.7厘米，穗长33.7厘米，芽鞘绿色，幼苗绿色，中紧穗型，穗圆筒形，育性95%	适宜加工白酒	适宜重庆种植	3月上旬至4月中旬均可播种	易
薯类	庆渝薯6号	食用型甘薯，薯形为长纺锤形，薯皮红色，薯肉橘红色，薯条块沟浅	淀粉含量13.67%，胡萝卜素含量58.1毫克/千克，可溶糖含量38.78%	适宜重庆种植	4月中旬扦插移栽	易
	渝昌马铃薯2号	生育期84.5天，蒸煮风味好，薯块椭圆形，淡黄皮、白肉，薯皮光滑，芽眼浅，数量少，耐储藏	干物质16.4%，淀粉含量11.7%，还原糖0.81毫克/千克，维生素C 243.2毫克/千克，粗蛋白质含量19.1克/千克	适宜重庆种植	9月中下旬移栽	易

注：本表内容由重庆市农业科学院专家提供。

表3-2　观赏型粮油品种

品类	品种名称	品种特性	产品属性	适宜种植区域	播种期	栽培难易程度
水稻	渝紫叶1号	苗期至成熟前叶色为深紫色，抽穗期穗为浅绿色，成熟期叶片和谷粒自然落黄	糙米率81.9%，整精米率60.2%。两年区试平均亩产391.8千克	适宜重庆海拔800米以下地区作彩叶观赏水稻种植	3月上旬至5月中旬均可播种	按照种植图案种植较难
	渝黄叶1号	苗期至成熟前叶色为淡黄色，抽穗期穗为浅绿色，成熟期叶片和谷粒自然落黄	糙米率80.6%，整精米率70.3%。两年区试平均亩产476.2千克	适宜重庆海拔800米以下地区作彩叶观赏水稻种植	3月上旬至5月中旬均可播种	按照种植图案种植较难

（续）

品类	品种名称	品种特性	产品属性	适宜种植区域	播种期	栽培难易程度
水稻	渝粉叶1号	苗期至成熟前叶色为紫粉色，抽穗期穗为浅绿色，成熟期叶片和谷粒自然落黄	糙米率81.4%，整精米率64.1%。两年区试平均亩产388.2千克	适宜重庆海拔800米以下地区作彩叶观赏水稻种植	3月上旬至5月中旬均可播种	按照种植图案种植较难
玉米	草莓玉米	普通玉米的变异品种，株高仅100厘米左右，3个多月即可结果	果为紫红色，小巧可爱呈椭圆形，酷似草莓，极具观赏性	适宜重庆种植	春播夏播均可，也可室内常年盆栽	中
大豆	豆美1号	二次分枝明显，中上部结荚习性，适宜机械化收获	花色粉红、鲜艳，有限花序，盛花期40天左右，具有较强观赏价值	适宜重庆种植	10月中下旬播种	易

注：本表内容由重庆市农业科学院专家提供。

3. 部分品种展示

本部分主要通过实景图片展示渝香优8133（图3-1）、渝优彩叶稻系列（图3-2）、渝南油683（图3-3）、渝单59（图3-4）、渝甜糯990（图3-5）、渝糯麦872（图3-6）、晋渝糯3号（图3-7）及庆渝薯6号（图3-8）。

图3-1　渝香优8133
（重庆市农业科学院　摄）

图3-2　渝优彩叶稻系列
（重庆市农业科学院　摄）

图 3-3　渝南油 683
（重庆市农业科学院　摄）

图 3-4　渝单 59
（重庆市农业科学院　摄）

图 3-5　渝甜糯 990
（重庆市农业科学院　摄）

图 3-6　渝糯麦 872
（重庆市农业科学院　摄）

图 3-7　晋渝糯 3 号
（重庆市农业科学院　摄）

图 3-8　庆渝薯 6 号
（重庆市农业科学院　摄）

（二）蔬菜

重庆蔬菜品种资源丰富，主要有根菜类、白菜类、甘蓝类、芥菜类、绿叶菜类、葱蒜类、茄果类、瓜类、豆类、薯芋类、水生菜类、多年生菜类、食用菌类、野生菜类 14 个大类 84 种。近年来，重庆通过持续优化布局、调整结构和良种良法，年蔬菜产量突破 2 000 万吨，标准化蔬菜基地面积达到 222 万亩。全市常住人口人均蔬菜生产量比全国平均水平高 25%，保供能力显著增强。自主育成"艳椒"辣椒、"渝茄"茄子、"涪杂"榨菜等一系列具有全国影响力的新优品种 30 余个，在生产上得到大面积推广应用。加工型辣椒、茎瘤芥、华南型黄瓜、单性结实茄子等育种研究水平全国领先。主要蔬菜作物良种覆盖率达 90% 以上，增产贡献率 43% 以上。本部分将重点介绍几种适宜重庆精深加工和休闲观光的蔬菜品种。

1. 加工蔬菜品种

加工蔬菜主要分为盐渍菜和干制菜两类。盐渍菜如榨菜、冬菜、梅干菜、泡菜、酱菜等。以下主要从品类、品种名称、品种特性、加工属性、适宜种植区域、播种期、定植期、采收期和栽培难易程度等方面介绍适宜加工成调味品的蔬菜品种（表 3-3），主要有芥菜、辣椒、萝卜等菜类。

表 3-3　加工蔬菜品种

品类	品种名称	品种特性	加工属性	适宜种植区域	播种期	定植期	采收期	栽培难易程度
芥菜	涪杂2号	叶长椭圆形、深绿色，瘤茎近圆球形，皮色浅绿，瘤茎上每一叶基外侧着生肉瘤3个，中瘤稍大于侧瘤，肉瘤钝圆，间沟浅	瘤茎皮薄，含水量低，脱水速度快	重庆沿江榨菜主产区	8月28日至9月2日	9月下旬至10月上旬	1月中下旬	易
	涪杂5号	株型较紧凑，叶长椭圆形、绿色。瘤茎圆球形，浅绿色，无刺毛蜡粉，肉瘤钝圆，间沟浅	瘤茎含水量低，皮薄筋少，脱水速度快	重庆沿江榨菜主产区	9月10—15日	10月上中旬	2月上中旬	易
	涪杂8号	叶长椭圆形、绿色；瘤茎近圆球形，皮色浅绿，无蜡粉刺毛，瘤茎上每一叶基外侧着生肉瘤3个，中瘤稍大于侧瘤，肉瘤钝圆，间沟浅	瘤茎皮簿筋少，含水量低，脱水速度快	重庆沿江榨菜主产区	10月5—15日	11月下旬至12月上旬	3月下旬至4月上旬	易

（续）

品类	品种名称	品种特性	加工属性	适宜种植区域	播种期	定植期	采收期	栽培难易程度
芥菜	永安小叶	叶椭圆形、叶色深绿。瘤茎近圆球形，皮色浅绿，瘤茎上每一叶基外侧着生肉瘤3个，中瘤稍大于侧瘤，肉瘤钝圆，间沟浅	瘤茎含水量低，皮薄，脱水速度快	重庆沿江榨菜主产区	9月10—15日	10月上中旬	2月中旬	易
	大足大叶芥（宽叶箭杆菜）	株高65厘米左右，开展度80厘米左右，叶长椭圆形，深绿色，叶面较光滑，无刺毛，无腊粉，叶缘全缘，芥辣味较浓，耐低温，抗病毒病	芥辣味较浓	大足	9月上旬	10月上旬	2月上旬	易
辣椒	艳椒425	果朝天、单生、小。羊角形，青椒绿色，老熟椒大红色。果纵横径8.92厘米×1.08厘米，单果4.4克，亩产鲜椒可达2 000千克。果味辛辣。适宜泡制、干制及深加工提取辣椒素和辣红素	辣椒素和辣红素含量高	重庆、四川、贵州、河南、新疆等辣椒主产区	2月上中旬	4月上中旬	7—9月	易
	艳椒465	果朝天、单生、小。羊角形，青椒深绿色，老熟椒大红色。果纵横径9.02厘米×1.11厘米，单果4.8克，亩产鲜椒可达2 000千克。果味辛辣。适宜干制及深加工提取辣椒素和辣红素	辣椒素和辣红素含量高	重庆、四川、贵州、河南、新疆等辣椒主产区	2月上中旬	4月上中旬	7—9月	易
	艳椒485	果朝天、单生、小。羊角形，青椒绿色，老熟椒大红色。果纵横径9.22厘米×1.12厘米，单果5.1克，亩产鲜椒可达2 000千克。果味辛辣。适宜干制及深加工提取辣椒素和辣红素	辣椒素和辣红素含量高	重庆、四川、贵州、河南、新疆等辣椒主产区	2月上中旬	4月上中旬	7—9月	易

（续）

品类	品种名称	品种特性	加工属性	适宜种植区域	播种期	定植期	采收期	栽培难易程度
萝卜	赶水草蔸萝卜	肉质根扁圆形，皮薄光滑，白皮白心，肉质致密。生食脆、甜、清香、辛辣味淡；熟食甜、细嫩化渣	肉质致密	重庆綦江区	8月下旬至10月上旬		11月至次年2月	易
	春不老萝卜	肉质根扁圆形，皮薄光滑，白皮白心，肉质致密。生食脆、甜、清香、辛辣味淡；熟食甜、细嫩化渣。耐抽薹	肉质致密	重庆、四川	8月下旬至10月上旬		11月至次年2月	易

注：本表内容由重庆市农业科学院相关专家提供。

2. 观赏蔬菜品种

观赏蔬菜是色彩艳丽、风味独特，集观赏性、实用性为一体，可菜可药的特稀蔬菜，是休闲农业、生态旅游农业的重要组成部分，具有很高的经济效益、社会效益和生态效益。根据观赏器官的不同，分为观果、观花、观叶等类型。以下主要从品类、品种名称、观赏部位、观赏期、观赏特性、适宜种植区域、播种期、定植期、采收期和栽培难易程度（表3-4）等方面简要介绍目前常用的一些品种。

表3-4　观赏蔬菜品种

品类	品种名称	观赏部位	观赏期	观赏特性	适宜种植区域	播种期	定植期	采收期	栽培难易程度
羽衣甘蓝	红孔雀	叶	11月至次年3月	适宜造园	重庆、四川、贵州	8月上中旬	9月中下旬	11月至次年2月	易
	白孔雀	叶	11月至次年3月	适宜造园	重庆、四川、贵州	8月上中旬	9月中下旬	11月至次年2月	易
	红珊瑚	叶	11月至次年3月	适宜造园	重庆、四川、贵州	8月上中旬	9月中下旬	11月至次年2月	易
	白珊瑚	叶	11月至次年3月	适宜造园	重庆、四川、贵州	8月上中旬	9月中下旬	11月至次年2月	易

（续）

品类	品种名称	观赏部位	观赏期	观赏特性	适宜种植区域	播种期	定植期	采收期	栽培难易程度
羽衣甘蓝	红闪亮	叶	11月至次年3月	适宜造园	重庆、四川、贵州	8月上中旬	9月中下旬	11月至次年2月	易
	红鸥	叶	11月至次年3月	适宜造园	重庆、四川、贵州	8月上中旬	9月中下旬	11月至次年2月	易
	白鸥	叶	11月至次年3月	适宜造园	重庆、四川、贵州	8月上中旬	9月中下旬	11月至次年2月	易
	红鸽	叶	11月至次年3月	适宜造园	重庆、四川、贵州	8月上中旬	9月中下旬	11月至次年2月	易
	粉鸽	叶	11月至次年3月	适宜造园	重庆、四川、贵州	8月上中旬	9月中下旬	11月至次年2月	易
	鲁西露	叶	11月至次年3月	适宜造园	重庆、四川、贵州	8月上中旬	9月中下旬	11月至次年2月	易
观赏南瓜	鸳鸯梨	瓜	5—7月	适宜搭架观赏	重庆、四川、贵州	2月上旬	3月上中旬	5—7月	易
	龙凤瓢	瓜	5—7月	适宜搭架观赏	重庆、四川、贵州	2月上旬	3月上中旬	5—7月	易
	福禄寿	瓜	5—7月	适宜搭架观赏	重庆、四川、贵州	2月上旬	3月上中旬	5—7月	易
	寿桃瓜	瓜	5—7月	适宜搭架观赏	重庆、四川、贵州	2月上旬	3月上中旬	5—7月	易
	情侣瓜	瓜	5—7月	适宜搭架观赏	重庆、四川、贵州	2月上旬	3月上中旬	5—7月	易
	鲍鱼瓜	瓜	5—7月	适宜搭架观赏	重庆、四川、贵州	2月上旬	3月上中旬	5—7月	易
	多翅瓜	瓜	5—7月	适宜搭架观赏	重庆、四川、贵州	2月上旬	3月上中旬	5—7月	易
	金童	瓜	5—7月	适宜搭架观赏	重庆、四川、贵州	2月上旬	3月上中旬	5—7月	易
	玉女	瓜	5—7月	适宜搭架观赏	重庆、四川、贵州	2月上旬	3月上中旬	5—7月	易
甜菜	红甜菜	叶	10月至次年4月	适宜造园	重庆、四川、贵州	8月上中旬	9月中下旬	11月至次年3月	易
	黄甜菜	叶	10月至次年4月	适宜造园	重庆、四川、贵州	8月上中旬	9月中下旬	11月至次年3月	易
	白甜菜	叶	10月至次年4月	适宜造园	重庆、四川、贵州	8月上中旬	9月中下旬	11月至次年3月	易

注：本表内容由重庆市农业科学院相关专家提供。

3. 部分品种展示

本部分主要通过图片展示加工蔬菜品种（图 3-9 至图 3-17）和观赏蔬菜品种（图 3-18 至图 3-30）。

图 3-9　涪杂 2 号
（重庆市农业科学院　摄）

图 3-10　涪杂 5 号
（重庆市农业科学院　摄）

图 3-11　涪杂 8 号
（重庆市农业科学院　摄）

图 3-12　龙水大叶芥
（重庆市农业科学院　摄）

图 3-13　龙水大叶芥
（重庆市农业科学院　摄）

图 3-14　永安小叶
（重庆市农业科学院　摄）

图 3-15　棠香大叶芥
（重庆市农业科学院　摄）

图 3-16　艳椒 425
（重庆市农业科学院　摄）

图 3-17　春不老
（重庆市农业科学院　摄）

图 3-18　白鹤
（重庆市农业科学院　摄）

图 3-19　白孔雀
（重庆市农业科学院　摄）

图 3-20　白牡丹
（重庆市农业科学院　摄）

图 3-21　白珊瑚
（重庆市农业科学院　摄）

图 3-22　鲍鱼瓜
（重庆市农业科学院　摄）

图 3-23　多翅瓜
（重庆市农业科学院　摄）

图 3-24　粉鸽
（重庆市农业科学院　摄）

图 3-25　福禄寿
（重庆市农业科学院　摄）

图 3-26　红鸽
（重庆市农业科学院　摄）

图 3-27　龙凤瓜
（重庆市农业科学院　摄）

图 3-28　蛇瓜
（重庆市农业科学院　摄）

图 3-29　双色瓜
（重庆市农业科学院　摄）

图 3-30　香炉瓜
（重庆市农业科学院　摄）

（三）水果

　　重庆种植的果树主要有柑橘、李、桃、枇杷等 20 余个种类，目前以柑橘、李等为主的原生优势水果种类产业集中度持续增强，自主选育出无籽沃柑、巫山脆李、金翠李、粉黛脆李等具有影响力的新品种。重庆已建成全国最大的柑橘容器苗生产基地，奉节脐橙品牌价值位居全国橙类品牌第一位，晚熟柑橘新品种引领全国晚熟柑橘产业发展。截至 2022 年，李产业规模达到

146万亩，跃居全国第二位，巫山脆李品牌价值位居全国李类品牌第一名。已培育出重庆汇达柠檬科技集团有限公司、重庆檬泰生物科技有限公司、重庆派森百橙汁有限公司等多家加工企业，建成一批以水果产业为主的休闲采摘体验园，有效促进了重庆农村一二三产业融合发展。

1. 适宜加工品种

重庆水果精深加工主要以柠檬和柑橘为主，下面主要从品类、品种名称、品种特性、加工属性、适宜种植区域、定植期和栽培难易程度等方面（表3-5）进行简要介绍。

表3-5 精深加工品种

品类	品种名称	品种特性	加工属性	适宜种植区域	定植期	栽培难易程度
柠檬类	尤力克	果皮淡黄色，较厚而粗，香气浓，果汁多，出汁率38%，果酸含量高，每100毫升果汁含酸6～7克。果肉柔软多汁，味极酸，香味浓，可溶性固形物7.5%～8.5%	柠檬油、柠檬原汁、柠檬浓缩汁、香料日化（食品）工业的重要原料	重庆（潼南区）、云南（德宏）、四川（安岳）、广东、广西、福建和海南	12月	易
柑橘类	哈姆林	树冠半圆形，开张，树势中等或旺盛，枝叶茂密，小枝粗壮，叶片长椭圆形；果实圆球形或略扁圆形，大小中等	果汁	四川、重庆、广东、广西、浙江、福建	12月至翌年1月	易
	奥林达	树势强旺，树姿较开张。枝条粗壮，多小刺。叶片长卵形，叶色浓绿	果汁	四川、重庆、广西、湖北、福建、江西等地	2—3月	易
	锦橙	果实呈腰鼓形，果形指数1.00～1.06，蒂部平，果肩宽，果顶平，顶部不内凹	果汁	年平均温度17.5℃以上的种植区	2—3月	易

（续）

品类	品种名称	品种特性	加工属性	适宜种植区域	定植期	栽培难易程度
桃类	金童5号	中熟种，单果重158.3克。果近圆形，果顶圆或有小突尖。果皮黄，果肉橙黄，不溶质，细韧，汁液中，纤维少，味酸甜，有香气，黏核，丰产性好	罐藏加工吨耗1：0.87，果皮下和近核处均无红晕，最宜加工出口罐头	山东、安徽、重庆等地	3—4月	易
	金童9号	杂交桃树品种，果实圆形，果顶平圆，平均单果重160克，大果重210克	含可溶性固形物12%。黏核。加工性能优良，为晚熟黄肉加工品种	山东、重庆等地	3—4月	易
柿子类	牛心柿	果实方心脏形，阳面橙红色，阴面橙黄色，无纵沟或甚浅	皮薄易破，肉质细软，纤维少，汁特多，味甜无核，品质上等	山东、河北、河南、重庆等地	11月或2—3月	易

注：本表内容由重庆市农业科学院相关专家提供。

2. 观光采摘品种

重庆适宜采摘的水果品种众多，现主要从品类、品种名称、品种特性、观花期、成熟期、适宜种植区域、定植期、栽培难易程度等方面简要介绍几种常见品种（表3-6）。

表3-6 观光采摘品种

品类	品种名称	品种特性	观花期	成熟期	适宜种植区域	定植期	栽培难易程度
葡萄	夏黑无核	平均穗重410克，果粒近圆形，自然无核，平均粒重3克，平均穗重增至800克。果肉较硬，果汁紫红色，含糖16%～22%，味浓甜，有浓草莓香味，品质极上等	5月中旬	7月中旬	重庆、云南、江苏等地	4月	易

（续）

品类	品种名称	品种特性	观花期	成熟期	适宜种植区域	定植期	栽培难易程度
葡萄	巨玫瑰	椭圆形，果粒大小均匀一致。肉脆多汁，具浓郁纯正的玫瑰香味，含糖17%～19%，味甜，品质佳，可以与玫瑰香媲美	5月	7月底	在我国南、北方多雨区	3—4月	易
	阳光玫瑰	绿黄色，果粉少，果肉硬，有浓玫瑰香味，不裂果、不脱粒。含糖18%～22%，酸味少，无涩味，品质极优	5月	8月上旬	重庆、云南、广西、山东、内蒙古等地区	3—4月	易
樱桃	红妃樱桃	果实呈乳头状，果顶略尖，初熟时皮鲜红色，充分成熟时皮浓红光亮，外观艳丽无比。平均果重7.2克，最大果重达9克，与大樱桃果实大小相近。含糖18.5%，口感浓甜，爽口	2月中旬	4月	重庆、四川、湖北等地	10—11月	易
	乌皮樱桃（黑珍珠）	果实中等大，乳头形，单果重3.5～4克。初熟时果皮鲜红色，充分成熟时果皮紫红乌亮。可溶性固形物16.5%～18%，含糖高达22.8%～26.1%。离核，肉质细嫩，爽口化渣，味特甜。有香气，品质上等	2月下旬	4月中下旬	重庆、浙江、杭州等地	9—10月	易
桃	中桃6号	果肉白色，风味浓甜，离核。含糖13%～15%，品质优。果肉硬溶质，成熟后不易变软	3月	6月底至7月初	适宜年均温18℃以下地区种植	3—4月	易
	中蟠11	果重250克左右，黄肉，粘核，硬溶质	3月上中旬	6月下旬	在年均温17.5℃以下地区种植	3—4月	易
	美香	果实短椭圆形，平均单果重180克，大果可达400克。果实底色白色，洁净美观。含糖16%左右。果实硬溶质，致密多汁，甜酸可口，品质特优	3月	7月中旬	在年均温17.5℃以下地区种植	3—4月	易

（续）

品类	品种名称	品种特性	观花期	成熟期	适宜种植区域	定植期	栽培难易程度
桃	黄金蜜3号	单果重200～260克，果肉金黄色，风味浓甜，香气浓郁，可溶性固形物13%～17%，品质优，耐贮	3月中旬	7月上中旬	在年均温18℃以下地区种植	3—4月	易
李	蜂糖李	果肉淡黄色，平均果肉厚26.45毫米；可溶性固形物16.1%，可溶性糖13.54%，可滴定酸0.77%，维生素C 89.5毫克/千克，肉质细、清脆爽口，汁液中多，味浓甜，离核，品质优异	2月	6月底	贵州、重庆、四川等地海拔500~1 500米种植区	12—1月	中等
	巫山脆李	果实近圆形，果皮底色绿色至绿黄色，果粉厚，果肉浅黄色，肉质致密脆嫩，离核	3月上中旬	7月上中旬	适宜在重庆地区及类似生态区域种植	12—1月	易
	粉黛脆李	果实圆形，果型中大，平均单果重35～45克，果皮色泽青黄色，果肉脆硬，绿黄色，酸甜适度，离核，核小	3月上中旬	7月中下旬	适宜在重庆地区及类似生态区域种植	12—1月	易
	脆红李	果实正圆形或近圆球形，果皮紫红色，果肉黄色，果粉厚，肉质脆，味甜，离核，单果重15～20克	3月上中旬	8月中下旬	适宜重庆及四川省中国李产区种植	12—1月	易
柑橘	大雅	单果重220克，果皮橙色，成熟后果实稍软，易剥皮，无核，果肉细嫩化渣，汁多味浓，含糖15.5%，充分成熟后含糖可达19%～22%，可食率71%	4月	2月上旬	适宜年均温17.5℃以上的柑橘产区种植	9—11月或2—3月	易
	沃柑	果实中等大，扁圆形，果皮光滑，橙色或橙红色，油胞细密。果皮包着紧，容易剥离，果肉橙红色，囊壁薄，果肉细嫩化渣，多汁味甜	4月中旬	2月上旬	适宜年均温17℃以上的柑橘产区种植	9—11月或2—3月	易

（续）

品类	品种名称	品种特性	观花期	成熟期	适宜种植区域	定植期	栽培难易程度
柑橘	纽荷尔脐橙	果实近圆形至长椭圆形，果色橙红，果面光滑，多为闭脐。剥离难，具清香味。果肉细嫩而脆，化渣，汁多，汁胞橙黄色，排列整齐，可溶性固形物13%左右，果汁甜酸适口，风味浓郁，富有香气，品质上等	4月	11月中下旬	重庆奉节等地种植较多	11月至翌年3月	易
梨	翠冠	平均单果重230克，大单果重400克，易生果锈，果实近圆形，果肉白色，细嫩多汁，固形物12%～13%，味浓甜，品质上等	3月下旬	7月上旬	江苏、湖北、湖南、四川、重庆、浙江等地	9—11月	易
	翠玉	果重200克左右，大果重400克。果皮呈纯绿色，果面光滑，无果锈（或少量果锈），外观十分漂亮。果实卵圆物，果皮绿色，果肉白色，果肉嫩脆多汁，固形物12%左右，化渣，风味清甜，品质佳	3月	7月初	江苏、湖北、湖南、四川、重庆、浙江等地	9—11月	易
果桑	台湾长果桑	果长8～12厘米，果重可达20克，含糖量高达21.6%，甘甜无酸，品质特优	3月	4月底	全国各地均可种植	2—4月	易
	大十	果长3.5～6厘米，果径1.3～2.0厘米，平均单果重4～6克，最大8～9克，紫黑色，无籽，含糖量14.87%，果味甜，果汁丰富，出汁率78%	3月	4月	四川、重庆、湖北、湖南、广西、广东等地	2—3月	易
枇杷	大五星	平均果重72克，大果192克，是目前国内大果枇杷之一。果实椭圆形，皮橙黄色，果肉橙红色。含糖13.6%左右，可食率78%，品质优良	9月	5月上旬	四川、重庆、广西、湖南、江西、湖北等地	9—10月	易

（续）

品类	品种名称	品种特性	观花期	成熟期	适宜种植区域	定植期	栽培难易程度
枇杷	冠玉	单果重50克，大果重70克。果面淡黄白色，果肉白色到淡黄色，质地细嫩易溶，但并不太软，含可溶性固形物13.4%，甜酸爽口，风味浓，微香	11月	5月中下旬	云南、甘肃、河南、安徽、浙江等地	9—10月	易
	华白1号	单果重46.3克，可溶性固形物含量为13.4%，每100毫升中总糖含量为11.91克，每100毫升总酸含量为0.36克，每100毫升维生素C含量为2.56毫克，平均种子数为5.6个，可食率为65.40%。抗逆性较强，抗花腐病	10月	5月中下旬	适宜重庆枇杷产区海拔400米以内种植	9—10月	易

注：本表内容由重庆市农业科学院相关专家提供。

（四）茶叶

重庆种植茶树品种丰富，多达60余种，主要由无性系茶树良种、四川中小叶群体种、云南大叶茶三大部分组成。目前，全市茶叶面积98.2万亩，形成以绿茶为主，红茶、沱茶、茉莉花茶全面发展态势，无性系茶树良种面积提高至66.1%，重点区县无性系茶树良种比例达到70.3%。主要品牌有鸡鸣贡茶、金佛玉翠、南川大树茶、秀山毛尖、梁平甜茶、重庆沱茶、永川秀芽、巴南银针、西农毛尖和涪陵白茶等。

1. 优质茶树品种

以下主要从品种名称、品种特性、加工属性、适宜种植区域、采茶时间等方面介绍几种常见茶树品种，见表3-7。

2. 知名茶叶产品

以下主要从产品特点方面介绍重庆几种知名茶叶产品，见表3-8。

表 3-7　常见茶树品种

品种名称	品种特性	加工属性	适宜种植区域	采茶时间
巴渝特早	具有春季萌芽特早、春茶产量高、适应性强、全年生育期长、适制性好、综合性状优的特点	适合制作扁形、针形、曲卷形等各种名优绿茶	西南、江南、华南茶区海拔1 000米以下地区	3月下旬至5月中旬
早白尖5号	植株适中，叶椭圆形，叶色深绿，叶面微隆，叶质厚软；芽叶淡绿色，有光泽，茸毛多，芽叶生育力强，产量高	适制红茶、绿茶。制红碎茶，香气高醇，汤色红浓；制绿茶，滋味浓鲜，清香持久	最低气温不低于−9℃的茶区	采摘期长达40～60天，全年采摘期长达210天以上
名山白毫	具有早生、高产、优质、茸毛特多、六七月芽叶仍披毫的特点	适制名优高档绿茶，最适制披毫的碧螺春、甘露、云雾、峨蕊等卷曲形名茶，有滋味鲜浓、醇厚回甘的品质特点，属鲜浓型品质风格的品种	适宜名优绿茶产区种植	开采期在清明节
南江1号	芽叶生育力强，持嫩性强	适制红茶、绿茶，清香持久，滋味鲜爽醇厚	四川、重庆最低气温不低于−9.4℃的茶区	开采期在3月下旬
碧香早	早生种、发芽较早，茶叶浅绿色，茸毛多，产量较高，内含物丰富，香气高，抗旱抗寒性较强、适应性广	适制高档名优绿茶、红茶	适宜名优绿茶产区种植	开采期在4月初
渝茶二号	早生种，无性繁殖，发芽期与福鼎大白茶相近，树姿开展，具有抗寒性、抗旱性	制绿茶外形较肥壮、暗绿，汤色黄亮，香气纯正，滋味醇厚，叶底黄亮显芽	适宜重庆绝对气温不低于−10℃的地区种植	开采期在4月初

注：本表内容根据《重庆市志·农特产品志》及重庆市农业科学院专家提供资料整理。

表 3-8　全市知名茶叶产品

序号	名称	产品特点
1	鸡鸣贡茶	属于绿茶中的炒青绿茶，制成的成品茶更为细嫩，茶味清香。汤色黄绿明亮，叶底饱满挺立，滋味鲜爽回甘，素净沁人心脾
2	金佛玉翠	优质名优绿茶，具有外形紧直绿润、汤色嫩绿明亮、栗香持久、滋味浓醇爽口、叶底黄绿明亮的特点
3	南川大树茶	茶外形肥壮，色泽深绿，品种香味浓郁，汤色黄绿明亮，滋味鲜醇回甘，叶底黄绿匀亮
4	秀山毛尖	原料为精选的一芽一叶或一芽二叶茶青，制作工艺秉承优良传统，秀山毛尖干茶外形紧结匀整，色泽鲜润翠绿，香气高长纯正、栗香显，汤色黄绿明亮，滋味鲜醇甘滑，叶底嫩绿、明亮、均匀
5	重庆沱茶	属于厚似壁碗、圆似面包的上乘紧压茶，具有高性价比、高耐泡性、醇厚甘甜的特点
6	永川秀芽	永川秀芽条索紧直细秀，翠绿鲜润；内质汤清碧绿，香气鲜嫩浓郁，滋味鲜醇回甘，叶底嫩绿明亮
7	巴南银针	茶叶肥壮叶片略大、外形紧秀似眉、银灰有霜、黛绿油润、滋味回甜、清香可口、鲜爽醇厚、汤色绿黄明亮
8	涪陵白茶	形如凤羽，苍翠叶白，色如玉霜。汤色清澈明亮，至纯至美，香气馥郁
9	西农毛尖	具有形美、色绿、显毫的特点，香气芬芳馥郁，滋味鲜醇爽口

注：本表内容根据《重庆市志·农特产品志》及重庆市农业科学院专家提供资料整理。

（五）中药材

重庆适宜种植中药材的土地资源与气候资源丰富，现有药用资源 5 800 余种，中药材总蕴藏量 163 万吨，总产量 120 万吨。药用植物资源分布比较集中，主要分布在秦巴山区和武陵山区。目前，全市道地药材规模效应基本形成，十万亩以上种植规模的道地药材 8 个，产值上亿元的药材 20 个。以下重点介绍药食同源和具有观赏价值的中药材品种。

1. 药食同源品种

我国传统医药学中早有"药食同源，药食同功"的理论，药食两用资源具有营养功能，同时兼有不同的保健作用。下面主要从品种名称、品种特性、入药属性、食用属性、生长环境等方面介绍几种药食同源品种，见表 3-9。

表 3-9　药食同源中药材品种

品种名称	品种特性	入药属性	食用属性	生长环境
桔梗	多年生草本植物，叶全部轮生，花暗蓝色或暗紫白色，可作观赏花卉；其根可入药	宣肺，利咽，祛痰，排脓。用于咳嗽痰多，胸闷不畅，咽痛，音哑，肺痈吐脓，疮疡脓成不溃	常见桔梗食用形式为腌制和非腌制两种，代表产品桔梗泡菜	喜凉爽气候，耐寒、喜阳光。宜栽培在海拔 1 100 米以下的丘陵地带
薄荷	唇形科直立多年生草本植物，花冠淡紫色，两面无毛；其茎、叶经蒸馏可提取留兰香油，可入药，也可食用	辛凉性发汗解热药，治流行性感冒、头疼、目赤、身热、咽喉、牙床肿痛等症。外用可治神经痛、皮肤瘙痒、皮疹和湿疹等	主要食用部位为茎和叶，也可榨汁服用。既可作为调味剂，又可作香料，还可配酒、冲茶等	喜光、适合沙质壤土、冲积土，pH 为 6～7.5；最适宜生长温度为 25～30℃
紫苏	紫苏属一年生草本植物。茎高 0.3～2 米，绿色或紫色，钝四棱形，具四槽，密被长柔毛。花期 8—11 月，果期 8—12 月	入药部分以茎叶及籽实为主，叶为发汗、镇咳、芳香性健胃利尿剂，有镇痛、镇静、解毒作用，治感冒；梗有平气安胎之功效；子能镇咳、祛痰、平喘、发散精神之沉闷	叶供食用，和肉类煮熟可增加香味。种子榨出的油可供食用，又有防腐作用，供工业用	在排水较好的沙质壤土、壤土、黏土上均能良好生长，适宜的土壤 pH 为 6.0～6.5。较耐高温，生长适宜温度为 25℃
鱼腥草	茎呈扁圆柱形，表面棕黄色，具纵棱数条，节明显，下部节上有残存须根；质脆，易折断。搓碎有鱼腥气味	清热解毒、消肿疗疮、利尿除湿、清热止痢、健胃消食，用于治疗实热、热毒、湿邪、疾热为患的肺痈、疮疡肿毒、痔疮便血、脾胃积热等	常用作佐料，其叶亦可食用。泡水当茶饮，或烹食炒熟当菜吃或拌凉菜吃	适合西南地区种植。宜种植在小溪边，以及树林等湿地上

注：本表内容根据《重庆市志·农特产品志》及重庆市中药研究院专家提供资料整理。

2. 观赏药材品种

中药材不仅可以用来强身健体，预防疾病，有些还是一种观赏性极强的植物花卉。以下主要从品种名称、品种特性、入药属性、生长环境、观赏时间等方面，介绍几种观赏性很好的中药材，见表 3-10。

表 3-10 观赏性中药材品种

品种名称	品种特性	入药属性	生长环境	观赏时间
金芍药	多年生草质藤本；根圆柱状，灰黑色，直径约 8 毫米；叶对生；伞形聚伞花序腋生，着花 20 余朵；花期 6—10 月，果期 8—11 月	以根为药，味辛、苦、性温，具有温阳祛湿、补体虚、健脾胃等药用功效	喜光耐寒，耐半阴，在排水良好的中性沙壤土中生长，最低能耐 −30℃低温	5—7 月观花
魏紫	传统牡丹品种，株型中高，半开展，美观大方；枝较粗壮，一年生枝较短，节间较短	根、皮、花皆可入药，具有散瘀血、清血、和血、止痛、通经之作用，还有降低血压、抗菌消炎之功效	喜阳光，也耐半阴，耐寒，在排水良好的中性沙壤土中生长，最低能耐 −30℃低温	4—5 月观花
大洋菊	杭白菊的传统品种，菊科茼蒿属双子叶植物；色玉白、花型美、气清香，味道清醇甘美	具有散风清热、平肝明目、健脾和胃、抑菌等药用功效	喜光耐寒，耐半阴，在排水良好的中性沙壤土中生长，最低能耐 −30℃低温	5—7 月，11—12 月观花
金丝皇菊	花朵颜色金黄，花蒂呈绿色，花心较小，气味芬芳	药茶两用。花朵中黄酮素含量高，富含多种氨基酸、维生素和微量元素，具有疏散风热、明目等功效	喜温暖气候和阳光充足的环境，耐寒，对土壤的要求不严，以 pH 为 6.2 ~ 6.7 为宜	10—11 月观花
菊花茉莉王	因花朵长得像菊花而得名，树形挺直，开花层数很多，花型多变，多晒外翻似菊花	具有清肝明目、芳香开胃的作用	喜温暖湿润，土壤以含有大量腐殖质的微酸性沙质土壤最适合	6—8 月观花
金银花	多年生伴常绿缠绕灌木。带叶的茎枝名忍冬藤，供药用，亦作观赏植物	具有清热解毒之功效。主治外感风热或温病发热，中暑，热毒血痢，痈肿疔疮，喉痹，多种感染性疾病	以土层较厚的沙质壤土为最佳。山坡、梯田、瘠薄的丘陵都可栽培	4—6 月观花

（续）

品种名称	品种特性	入药属性	生长环境	观赏时间
奇异连翘	落叶灌木或木质藤本，枝圆柱形，棕色，无毛，密生浇状凸起皮孔，小枝淡棕色，四棱形，被微柔毛，节间中空	果实可以入药，可清热解毒、散结消肿、疏散风热	喜温暖、湿润气候，耐阴性、耐寒；不择土壤，平均气温12.1～17.3℃	5月观花
金佛手	常绿灌木或小乔木；花序圆锥形，果实幼时呈绿色，长大后呈深绿，成熟后色泽橙黄	具有行气疏肝、健胃化痰的功能	喜温暖湿润、阳光充足的环境，不耐严寒、怕冰霜及干旱，最适生长温度22～24℃，越冬温度5℃以上	4—5月观花，10—11月观果
鸡头黄精	百合科黄精属多年生宿根性草本植物；抗病性强，适应性很强，能耐寒冬，喜阴凉，耐瘠薄，对土壤适应性强	根茎是传统的中药，具有补气养阴、健脾、润肺、益肾等功效	适宜海拔800～2 800米凉爽、潮湿、蔽荫环境；以透气、疏松、肥沃的沙壤土最佳	5—6月观花，8—9月观果
黄栀子	灌木，高0.3～3米；嫩枝常被短毛，枝圆柱形，灰色	叶、花、果实及根均能入药，具有清热、泻火、解毒、凉血的功效	年平均气温在9℃以上，年降雨量在500毫米以上，对土壤要求不严，土壤pH在5～7.5为宜	5—7月观花，8—11月观果

注：本表内容根据《重庆市志·农特产品志》及重庆市中药研究院专家提供资料整理。

（六）畜牧

重庆拥有丰富的地方畜禽遗传资源，其区域性明显，畜禽遗传资源结构较为丰富，已收录入《重庆市志·农特产品志》的有猪、黄牛、水牛、山羊、鸡、鸭、鹅、兔、蜂9个品种52个畜禽遗传资源；引入畜禽遗传资源28个。国家级、市级畜禽遗传资源（含培育品种）共有21个，主要包括猪遗传资源6个，即荣昌猪、合川黑猪、渠溪猪、盆周山地猪、罗盘山猪、渝荣Ⅰ号猪配套系；牛遗传资源3个，即涪陵水牛、巴山牛、川南山地黄牛；山羊遗传资源6个，即板角山羊、渝东黑山羊、川东白山羊、酉州乌羊、合川白山羊和大足黑山羊；禽遗传资源6个，即城口山地鸡、大宁河鸡、麻旺鸭、南川鸡、四川白鹅和渝西乌鸡配套系。通过多年努力，成功创建荣昌猪特色农产品优势区，并逐步壮大了大足黑山羊、武隆板角山羊、渝州白鹅、城口山地鸡、大宁河鸡、万县老土鸡、梁平红羽土鸡等地方品种和农产品地理标志产品群体规模。

1. 优质畜禽品种

主要介绍重庆几种常见的优质品种，见表3-11。

表3-11　优质畜禽品种

序号	名称	品种特点
1	荣昌猪	荣昌猪体型较大，除两眼四周或头部有大小不等的黑斑外，其余皮毛均为白色，也有少数在尾根及体躯出现黑斑或全身纯白的。人们按毛色特征分别称其为"金架眼""黑眼膛""黑头""两头黑""飞花"和"洋眼"等。其中"黑眼膛"和"黑头"占一半以上。荣昌猪头大小适中，面微凹，耳中等大、下垂，额面皱纹横行、有漩毛；体躯较长，发育匀称，背腰微凹，腹大而深，臀部稍倾斜，四肢细致、结实；鬃毛洁白、刚韧
2	丰都肉牛	丰都当地黄牛属于川南山地黄牛，体较矮，肌肉丰满，具有耐粗饲、行动敏捷、善于山地田间耕作、持久耐劳、不怕酷热寒冷、容易调教等特点
3	大足黑山羊	一是繁殖率高，平均胎产仔2.7只，最高1胎产6只；二是生长发育快，羔羊2月龄体重10千克，12月龄体重达35～40千克，6～8月龄屠宰率43.5%，净肉率31.9%；三是适应性强，食生好，耐粗饲，多以绿草树丛叶为食，善攀岩，耐高温湿热气候，抗病力强，适应性广，体型中等，四肢健壮发达，肌肉丰满。大足黑山羊肉质细嫩，膻味小，适宜烤、煎、蒸、炖，深受市民喜爱
4	城口山地鸡	城口山地鸡是具有独特外貌特征和生物学特性的地方优良鸡种，体型中等，羽毛有黑、褐、白、黄4种色。肤色有白、乌2种，脚、胫为青色。具有耐粗饲、适应性强、抗病力强、觅食能力强，适宜野外放养、散养等特点。成年公鸡平均体重不低于2 200克，母鸡不低于1 700克。其蛋内质浓稠，蛋黄金色饱满。成年公鸡羽毛黢黑发亮，尾羽上翘微弯，少量梳羽、蓑羽夹有火红花羽，头大小适中，虹彩为铜黄色，冠尖9～13个，冠、耳叶、肉髯均为红色。成年母鸡头小清秀，背腰较平直，臀部丰满，冠尖7～11个，相对较浅，冠、耳叶、肉垂以红色为主，虹彩为铜黄色

（续）

序号	名称	品种特点
5	梁平肉鸭	梁平肉鸭体型大，呈长方形，公鸭头大，眼圆，喙中等长、较宽厚、呈橘黄色，颈粗短，胸部丰满，腹部深广，前胸高举，后腹稍向后倾斜并与地面约成30°，翅较小，尾短而上翘，腿短而有力，胫、蹼呈橘红色。母鸭腹部丰满，腿短粗，蹼实厚，羽毛丰满。梁平肉鸭蛋白质含量高，脂肪含量低，富含人体必需的氨基酸、脂肪酸和矿物质元素，集营养、保健、养生于一体

注：本表内容根据《重庆市志·农特产品志》及重庆市畜牧科学院专家提供资料整理。

2. 休闲观赏品种

主要从品种特点和休闲作用两方面介绍几种常见休闲观赏品种，见表3-12。

表3-12 休闲观赏品种

序号	名称	品种特点	休闲作用
1	黑白花奶牛	毛色一般为黑白相间，花层分明，额部多有白斑；腹底部、四肢膝关节以下及尾端多呈白色，体质细致结实、体躯结构匀称，泌乳系统发育良好，蹄质坚实	体验挤牛奶
2	长毛兔	长毛兔有白、黑、蓝、灰、黄等多种颜色，白色兔的眼为红色，有色兔的眼睛为黑色。白色兔毛有利染色，故饲养白色长毛兔最为普遍	观赏及喂食
3	乌骨鸡	遍身羽毛洁白，有"乌鸡白凤"的美称，除两翅羽毛以外，其他部位的毛都如绒丝状，头上还有一撮细毛高突蓬起，骨骼乌黑，嘴、皮、肉都是黑色的	观赏
4	中华蜜蜂	体躯较小，头胸部黑色，腹部黄黑色，全身披黄褐色绒毛	采酿蜂蜜

注：本表内容根据《重庆市志·农特产品志》及重庆市畜牧科学院专家提供资料整理。

（七）水产

重庆有江河鱼类183种，其中分布在长江干流的有148种。重庆区域内常见淡水生物有473种。2020年全市水产养殖面积达到124.5万亩，水产品产量达到52.4万吨，居全国第16位，西部地区第4位，水产品供给能力不断增强；渔业经济总产值 185.9 亿元，渔业养殖户人均收入 19 960 元 / 年，水产品总产量、总产值和渔业养殖户人均收入较"十二五"末分别增长 8.9%、35.9% 和 34.7%，确保了 15 万渔业养殖户增收和城乡居民菜篮子供给。已建成 10 多个规模 500 亩以上稻渔综合种养示范基地，亩均产值达 2 000 元以上。已创建国家级水产健康养殖示范场 163 家，创建全国休闲渔业示范基地 13 个，渔业一二三产业不断融合。

1. 优质水产品种

主要介绍重庆几种常见优质水产品种，见表 3-13。

表 3-13　优质水产品种

序号	名称	品种特点
1	万县胭脂鱼	胭脂鱼体型侧扁，俗称紫鳊、玉环鱼、黄排、木叶盘、火烧鳊、红鱼。胭脂鱼的背鳍起点处特别隆起，腹部平直，头短，体侧扁，吻钝圆、口下位，呈马蹄状唇发达，上唇与吻褶形成一深沟，下唇翻出呈肉褶，唇上密布细小乳，无须背鳍基底极长，无硬刺
2	城口鳟	呈纺锤形，鳞片细密，口下位、体背侧面呈黑褐或沙黄色，腹部银白色，有两条淡灰色侧线，体侧每个鳞片基部都有一新月形黑斑，胸鳍和腹鳍前缘及外缘金黄色，在强烈阳光下体色金黄，个体重 250 克左右。肉质细腻，味美不腥
3	巫溪洋鱼	巫溪洋鱼为裂腹鱼类，主要有 2 种，即重口裂腹鱼和齐口裂腹鱼。生活于水温较低、水清质优、无污染的流水水域和深山峡谷地带，形成了优良的特征：体瘦削，肉质细嫩、密实，蛋白质含量高，脂肪含量低，且富含人体必需氨基酸，口感鲜香
4	合川恒韵甲鱼	合川恒韵甲鱼的亲本鳖系渠江上游品系野生原种甲鱼，是中国经济价值与营养价值较高的中华鳖品系。合川恒韵甲鱼自然生长周期长，1 千克重需 6 年以上才能长成，其自然冬眠每年长达 190 天，在冬眠期间，中华鳖靠消耗体内脂肪度过，有利于甲鱼本身的营养储存与积累，进而提高了甲鱼的营养价值与药用价值，使甲鱼成为低脂、高蛋白的天然养生佳品
5	大口鲇	体长，后部侧扁。头宽扁。眼间甚宽。口亚下位，弧形。颌有绒状齿。须 4 对，发达，口角须超过鳃孔。鳃腔内有辅助呼吸器官。背、臀鳍均长，不与尾鳍相连；胸鳍具硬刺；尾鳍圆形

（续）

序号	名称	品种特点
6	翘嘴红鲌（翘壳）	体型较大，体细长，侧扁，呈柳叶形。头背面平直，头后背部隆起。口上位，下颌坚厚急剧上翘，竖于口前，使口裂垂直。眼大而圆。鳞小。侧线明显，前部略向上弯，后部横贯体侧中部略下方。其肉洁白鲜嫩，营养价值较高，每百克肉含蛋白质 18.6 克、脂肪 4.6 克，唯多细刺，故有淡水鲥之称，鲜食和腌制均宜
7	黄颡鱼（黄辣丁）	体延长，稍粗壮，吻端向背鳍上斜，后部侧扁。头略大而纵扁，头背大部裸露。吻部背视钝圆，口大，眼中等大
8	中华倒刺鲃	中华倒刺鲃是一种河道型底层生活鱼类，栖息于底质为砾石的山地河流当中，白天多生活于湾沱和深潭之中，夜间到生长水草及水生藻类的岸边浅水地带觅食杂食性鱼类，其食性较广，以水生植物、水生昆虫及淡水壳菜为食

注：本表内容根据《重庆市志·农特产品志》资料整理。

2. 休闲观赏品种

主要介绍重庆几种常见的休闲观赏品种，见表 3-14。

表 3-14　休闲观赏品种

序号	名称	品种特点
1	锦鲤	呈纺锤形，分成头部、躯干部和尾部三部分。头部前端有口，口缘无齿，但有发达的咽喉齿。中部两侧有眼，眼前上方有鼻，眼的后下方两侧有鳃。体格健美、色彩艳丽、花纹多变、泳姿雄然，具有极高的观赏和饲养价值
2	匙吻鲟	匙吻鲟吻特别长，呈扁平，如浆状；体表光滑无鳞，背部黑蓝灰色，常有一些斑点；体侧有点状赭色，腹部白色；口大眼小，前额高于口部；鳃耙密而细长，鳃盖骨大而向后延至腹鳍，尾鳍分叉，尾柄披有梗节状的甲鳞。具有较高的观赏价值，可作为一种高档观赏鱼类
3	小龙虾	成体长 5.6～11.9 厘米，暗红色，甲壳部分近黑色，腹部背面有一楔形条纹。幼虾体为均匀的灰色，有时具黑色波纹。螯狭长。甲壳中部不被网眼状空隙分隔，甲壳上明显具颗粒。额剑具侧棘或额剑端部具刻痕

注：本表内容根据《重庆市志·农特产品志》资料整理。

生态循环农业技术

发展绿色生态循环农业，改善农村生产生活环境，是农村一二三产业融合发展必不可少的重要环节。在农业生产过程中采用节水、节肥、节药等减量增效技术及措施，实现生产投入品减量化、生产过程清洁化；对畜禽粪便、农作物秸秆、农村生活垃圾及生活污水、厕所粪污等农村生产生活废弃物采用资源化综合利用技术，实现生产废弃物资源化、生活环境美化；通过采用生态立体复合种养技术，提高种养效益；构建形成"减量化－资源化－立体种养循环"的资源循环利用链，促进农业种养殖结构的调整优化和高效绿色循环农业产业的发展，提高农产品品质，改善农村生产生活环境。同时，可衍生家庭秸秆菌包、家庭园艺肥料、蚯蚓垂钓产品、循环农业科普等生态产品，助推乡村休闲观光产业发展，满足高品质生活需求，实现以生态循环农业引领三产融合发展。

（一）减量化技术

在农业生产过程中规范使用化肥、农药等农业投入品，推广应用农业节水、节肥、测土配方施肥、病虫害绿色防控等技术，实现水资源高效利用、化肥农药减量增效，提高农产品产量及品质。

1. 农业节水灌溉技术

农业节水灌溉技术包括雨水集蓄灌溉、喷灌、滴灌、微灌、微滴灌、渗灌、波涌灌、注水灌、水肥一体化、渠道防渗、低压管道输水灌溉、痕量灌溉等技术，可根据不同的作物、不同的地形条件、不同的灌溉水源选择适合的节水灌溉技术，根据作物需水规律进行精确灌溉，能够极大减少灌水量，提高水资源利用率，节约水资源，提高作物产量。重庆地区采用比较普遍的是喷灌、滴灌、雨水集蓄灌溉、水肥一体化等技术。

（1）喷灌技术 利用专门的设备将有压力水流通过喷头喷洒成细小水滴，落到土壤表面进行灌溉。喷灌是一种非常实用的灌溉技术，省时省力，对地形、土壤等条件适应性强，多用于花卉、草坪、蔬菜等灌溉。但在多风的情况下，会出现喷洒不均匀、蒸发损失大等问题。与地面漫灌相比，大田作物喷灌一般可节水 50% ～ 60%，增产 20% ～ 40%。喷灌系统一般由水源工程、输水管网和灌水器等部分组成。

（2）**滴灌技术**　利用低压管道系统通过滴头将作物生长所需的水分和养分缓慢而均匀地滴入植物根层的一种灌水方式，属于局部灌溉。其特点主要有：一是水可直接输送到农作物根部，减少水分蒸发，比喷灌节水 30% 以上；二是在坡度较大的耕地应用滴灌不会加剧水土流失；三是经污水处理后的净化水（比淡水含盐浓度高）用于滴灌不会造成土壤盐碱化；四是省工省肥（药），增加产量，提高作物品质。滴灌系统一般由水源工程、首部系统、各级输配水管道和滴头等部分组成，造价较高，主要用于果树、蔬菜、花卉园艺等经济作物。滴灌技术比传统的灌溉方式节水 80% 以上、节省肥料 30%以上，而且有利于循环利用废污水。

（3）**雨水集蓄灌溉技术**　采取工程措施，对雨水进行收集、存储，并对作物进行补充灌溉，适用于工程性、季节性缺水地区。雨水集蓄系统主要由集雨场、下水沟、过滤池、蓄水池、提水泵、输水管组成。

（4）**水肥一体化技术**　水肥一体化技术是灌溉与施肥融为一体的农业新技术，借助压力系统（或地形自然落差），将可溶性固体或液体肥料，按土壤养分含量和作物种类的需肥规律和特点，配兑成的肥液与灌溉水一起，通过可控管道系统供水、供肥，均匀、定时、定量浸润作物根系发育生长区域，使主要根系土壤始终保持疏松和适宜的含水量；同时根据不同作物的需肥特点、土壤环境和养分含量状况，作物不同生长期需水、需肥规律情况进行不同生育期的需求设计，把水分、养分定时定量，按比例直接提供给作物。与传统技术相比，蔬菜节水约 40%、节肥约 30%，蔬菜产量增加 15% ～ 20%；果园节水 300% 以上、节肥 20% 以上、增产 10% ～ 25%。水肥一体化适宜有水井、水库、蓄水池等固定水源且水质较好的区域，可在果园、蔬菜基地、粮油基地、设施农业基地等推广使用。根据水源特点、地形、田块、土壤质地、作物种植方式等基本条件，设计灌溉方式、灌区面积、管道布局与埋设深度、长度等。灌溉方式可以选择管灌、喷灌、微灌、滴灌、沟灌、渗灌等。主要设施包括灌溉系统（首部系统、地下管道和地面灌溉系统等）、施肥系统（施肥池或施肥罐、混肥泵、搅拌器、输肥管道和施肥装置等）。

2. 农业节肥技术

（1）**技术路径**

1）精确控制施肥量　根据不同区域土壤条件、作物产量潜力和养分综合管理要求，合理制订各区域、作物单位面积施肥限量标准，减少盲目施肥行为。

2）调整化肥使用结构　优化氮、磷、钾配比，促进大量元素与中微量元素配合。适应现代农业发展需要，引导肥料产品优化升级，大力推广缓（控）释肥、配方肥、有机肥、生物肥等高效新型肥料。

3）改进施肥方式　大力推广测土配方施肥技术，提高农民科学施肥的意识和技能。推广适用施肥设备，引导农户改表施、撒施为机械深施、水肥一体化、叶面喷施等方式。

4）有机肥替代化肥　通过合理利用有机养分资源，用有机肥替代部分化肥，实现有机无机相结合，提升耕地基础地力，提高土壤有机质含量。

5）提升耕地质量　大力实施耕地质量保护与提升行动，加强耕地土壤培肥改良，改善土壤理化性状。开展酸化土壤改良、改造中低产田，提高耕地地力等级。

（2）技术模式　在粮油蔬菜种植基地重点推广"配方肥＋秸秆还田""有机肥＋配方肥""配方肥＋绿肥""配方肥＋土壤改良"等模式。在柑橘种植基地优选主推"有机肥＋配方肥""果－沼－畜""有机肥＋水肥一体化""有机肥＋绿肥"等技术模式。在茶园基地主推"有机肥＋配方肥""茶－沼－畜""有机肥＋水肥一体化""有机肥＋机械深施"等技术模式。

"有机肥＋配方肥"模式：在畜禽粪便等有机肥资源丰富的区域，鼓励种植大户和专业合作社集中积造利用堆肥，减少化肥用量。结合测土配方施肥，推广应用生物有机肥或商品有机肥。

"果（茶）－沼－畜"模式：在柑橘（茶叶）集中产区，依托种植大户和专业合作社，与规模养殖相配套，建立沼气设施，将沼渣沼液施于果园（茶园）。推行种养结合、园内循环。

"有机肥＋水肥一体化"模式：水肥条件较好的种植基地，在增施有机肥的同时，推广水肥一体化技术，提高水肥利用效率。根据替代量，实施有机肥补贴。

"有机肥＋绿肥"模式：在施用有机肥的基础上，种植绿肥覆盖土壤，减少裸露，防止水土流失，培肥地力。

"有机肥＋机械深施"模式：在水肥流失较严重的茶园，推进农机农艺结合，因地制宜推广有机肥机械深施等技术，提高肥料利用效率。

（3）**测土配方施肥技术** 测土配方施肥是通过开展土壤测试和肥料田间试验，摸清土壤供肥能力、作物需肥规律和肥料效应状况，获得、校正配方施肥参数，提出氮、磷、钾及中、微量元素等肥料的施用数量、施肥时期和施用方法，实现各种养分平衡供应，满足作物的需要，提高作物产量、降低农业生产成本、保护农业生态环境。

3. 病虫害绿色防控技术

病虫害绿色防控是采取农业防治（选用抗病品种、水肥管理、优化作物布局、培育健康种苗等）、生物防治（以虫治虫、以螨治螨、以菌治虫、以菌治菌等）、物理防治（杀虫灯、诱虫板、信息素、食饵诱杀、阻隔等）、生态调控（农田生态工程、果园生草覆盖、作物间套种、天敌诱集带等）、科学用药等环境友好型措施将病虫害损失控制在允许范围内，能够促进农作物安全生产，减少化学农药使用量。在水稻种植上，综合应用生态调控、生物防控、理化诱控、科学用药等多项绿色防控技术措施，可在减少化学农药用量的同时有效防控水稻二化螟的危害，对于保护稻田生态系统、促进水稻绿色产业发展具有重要意义。水稻亩产增收 5% 以上、减少化学农药用量20% ~ 30%，可有效提高稻米品质和产量，促进农民增产增效。

在柑橘种植上，强化栽培管理，可采用"做好清园工作 + 释放捕食螨（采用挂袋释放方式释放捕食螨）+ 科学合理用药"技术措施进行综合防治，有效降低柑橘园害螨发生数量，减少化学农药施用量 20% 以上，增产 15%以上。

（二）资源化技术

1. 秸秆综合利用技术

玉米、水稻、油菜等秸秆和蔬菜尾菜是农作物的重要副产品，含有丰富的营养和可利用的化学成分，可用作肥料、饲料、生活燃料及工副业生产的原料等。秸秆综合利用技术包括肥料化、饲料化、基料化、能源化、原料化等，促进以秸秆综合利用为纽带的循环农业模式构建。重庆地区根据实际，形成了以秸秆肥料化、饲料化利用为主，燃料化、基料化利用为辅，原料化利用为补充的多途径利用格局。

（1）**秸秆肥料化利用** 秸秆肥料化技术在重庆地区主推秸秆机械混埋还田、秸秆机械翻埋还田、秸秆覆盖还田等秸秆直接还田技术，适用于玉米秸、麦秸、稻秆、油菜秆等；同时也推广秸秆堆沤还田技术、秸秆好氧堆肥技术。秸秆肥料化还田模式对改土肥田、减排温室气体具有重要作用。

1）秸秆机械混埋还田技术　利用农作物机械收割时将玉米、水稻等农作物秸秆同时粉碎，均匀地抛撒在地表，利用旋耕设备耕翻入土，使秸秆与表层土壤充分混匀，并在土壤中分解腐烂，达到改善土壤结构、增加有机质含量、促进农作物持续增产的目的。

2）秸秆机械翻埋还田技术　利用秸秆粉碎机将摘穗后的农作物秸秆就地粉碎，均匀地抛撒在地表，随即翻耕入土，使之腐烂分解，有利于把秸秆的营养物质完全地保留在土壤里，增加土壤有机质含量，培肥地力，改良土壤结构，并减少病虫危害。玉米、大豆、水稻、油菜等作物秸秆均可以采用翻埋形式还田。

3）秸秆覆盖还田技术　在农作物收获前，套播下茬作物，将秸秆粉碎或整秆直接均匀覆盖在地表，或在作物收获秸秆覆盖后，进行下茬作物免耕直播，或将收获的秸秆覆盖到其他田块，从而起到调节地温、减少土壤水分的蒸发、抑制杂草生长、增加土壤有机质的作用，而且能够有效缓解茬口矛盾、节省劳力和能源、减少投入。覆盖还田一般分五种情况：一是套播作物，在前茬作物收获前将下茬作物撒播田间，作物收获时适当留高茬秸秆覆盖于地表；二是直播作物，在播种后、出苗前，将秸秆均匀铺盖于耕地土壤表面；三是移栽作物，如油菜、番薯、瓜类等，先将秸秆覆盖于地表，然后移栽；四是夏播宽行作物如棉花等，最后一次中耕除草施肥后再覆盖秸秆；五是果树、茶桑等，将农作物秸秆取出，异地覆盖。

4）秸秆好氧堆肥技术　好氧堆肥是在人工控制下通过微生物的发酵作用，将秸秆转变为肥料的过程，堆肥产品不含病原菌，不含杂草种子，无臭无蝇，可安全保存和利用，是一种良好的土壤改良剂和有机肥料。或结合畜禽养殖废弃物资源化利用，混合生产有机肥，达到种养结合循环利用的目的，推动农业产业绿色可持续发展。

5）秸秆堆沤还田技术　是秸秆无害化处理和肥料化利用的重要途径，将秸秆堆积或堆沤在坑（池）中，接种有机物料腐解微生物菌剂，待秸秆腐熟（腐烂）后再还田，适用于所有秸秆。

（2）秸秆饲料化利用　秸秆饲料化利用技术在重庆地区主推秸秆青（黄）贮技术、秸秆碱化/氨化技术、秸秆揉搓丝化加工技术和秸秆微贮技术等。

1）秸秆青（黄）贮技术　又称自然发酵法，把秸秆填入密闭的设施里（青贮窖、青贮塔或裹包等），经过微生物发酵作用，长期保存其青绿多汁营养成分。原理是在适宜的条件下，通过给有益菌（乳酸菌等厌氧菌）提供有利的环境，使嗜氧性微生物如腐败菌等在存留氧气被耗尽后，活动减弱乃至停止，从而达到抑制和杀死多种微生物、保存饲料的目的。由于在青贮饲料中微生物发酵产生有用的代谢物，使青贮饲料带有芳香、酸、甜等味道，能大大提高其适口性。适用于玉米秸、高粱秆等。

2）秸秆碱化/氨化技术　在密闭的条件下，借助于碱性物质，使秸秆饲料纤维内部的氢键结合变弱，酯键或醚键破坏，纤维素分子膨胀，溶解半纤维素和一部分木质素，反刍动物瘤胃液易于渗入，瘤胃微生物发挥作用，从而改善秸秆饲料适口性，提高秸秆饲料采食量和消化率。秸秆碱化处理应用的碱性物质主要是氧化钙；秸秆氨化处理应用的氨性物质主要是液氨、碳铵或尿素。广泛采用的氨化方法主要有：堆垛法、窖池法、氨化炉法和氨化袋法。适用于麦秸、稻秆、玉米秸秆等。

3）秸秆揉搓丝化加工技术　对秸秆进行机械揉搓加工，使之成为柔软的丝状物，不仅提高了适口性，而且分离了纤维素、半纤维素与木质素，具备日常秸秆切碎和粉碎处理的所有优点，同时由于秸秆丝较长，能够延长其在瘤胃内的停留时间，有利于牲畜的消化吸收，达到既提高秸秆采食率，又提高秸秆转化率的双重功效。适用于玉米秸、豆秸等。

4）秸秆微贮技术　是将经过机械加工的秸秆贮存在一定设施（水泥池、土窖、缸、塑料袋等）内，通过添加微生物菌剂进行微生物发酵处理，使秸秆变成带有酸、香、酒味的粗饲料。秸秆微贮饲料适口性好、家畜采食量高、成本低、制作简单，有良好的推广前景。

5）秸秆压块饲料加工技术　将秸秆经机械铡切或揉搓粉碎，配混必要的其他营养物质，经过高温高压轧制而成高密度块状饲料或颗粒饲料。适用于玉米秸、麦秸、稻秆、豆秸、薯类藤蔓、向日葵秆盘等。

（3）秸秆基料化利用　以秸秆为主要原料，加工或制备成为动物、植物及微生物生长提供良好条件的有机固体物料，主要包括：食用菌生产栽培基质、植物育苗与栽培基质、动物饲料垫料、吸附物料或保水、保肥秸秆物料等。主推秸秆栽培草腐生菌类技术、秸秆栽培木腐生菌类技术、秸秆植物栽培基质技术等。可衍生家庭秸秆菌包、家庭园艺肥料等生态产品。

1）秸秆栽培草腐生菌类技术　麦秸、稻草等禾本科秸秆是栽培草腐生菌类的优良原料之一，可以作为草腐生菌的碳源，通过搭配牛粪、麦麸、豆饼或米糠等氮源，在适宜的环境条件下，即可栽培出美味可口的双孢蘑菇、草菇、鸡腿菇、大球盖菇等。

2）秸秆栽培木腐生菌类技术　木腐生菌是指生长在木材或树木上的菌类，如香菇、黑木耳、灵芝、猴头、平菇、茶树菇等。玉米秸、玉米芯、豆秸、棉籽壳、稻糠、花生秧、花生壳、向日葵秆等均可作为栽培木腐生菌的培养料。

3）秸秆植物栽培基质技术　以秸秆为主要原料，添加其他有机废弃物以调节 C/N、物理性状（如孔隙度、渗透性等），同时调节水分使混合后物料含水量在 60% ~ 70%，在通风干燥、防雨环境中进行有氧高温堆肥，使其腐殖化与稳定化，形成良好的育苗或栽培基质。

（4）秸秆燃料化利用　秸秆燃料化利用技术主推秸秆固化成型技术、秸秆炭化技术等。

1）秸秆固化成型技术　在一定条件下，利用木质素充当黏合剂，将松散细碎的、具有一定粒度的秸秆挤压成质地致密、形状规则的棒状、块状或粒状燃料的过程。秸秆固化成型燃料可分为颗粒燃料、块状燃料和棒状燃料等产品。成型燃料具有高效、洁净、点火容易、二氧化碳零排放、便于贮运和运输、易于实现产业化生产和规模应用等优点，是一种优质燃料，可为农村居民提供炊事、取暖用能，也可作为燃料替代煤等化石能源。适用于玉米秸、稻秆、麦秸、棉秆、油菜秆、烟秆、稻壳等。

2）秸秆炭化技术　将秸秆经晒干或烘干、粉碎后，在制炭设备中，在隔氧或少量通氧的条件下，经过干燥、干馏（热解）、冷却等工序，将秸秆进行高温、亚高温分解，生成炭、木焦油、木醋液和燃气等产品。适用于玉米秸、棉秆、油菜秆、烟秆、稻壳等。

3）秸秆沼气生产技术　指在严格的厌氧环境和一定的温度、水分、酸碱度等条件下，秸秆经过厌氧发酵产生沼气的技术。按照使用的规模和形式分为户用秸秆沼气和规模化秸秆沼气工程两大类。目前，我国常用的规模化秸秆沼气工程工艺主要有全混式厌氧消化工艺、竖向推流式厌氧消化工艺、一体两相式厌氧消化工艺、车库式干发酵工艺、覆膜槽式干发酵工艺。

（5）**秸秆原料化利用** 秸秆原料化利用技术主要有秸秆人造板材生产技术（适用于稻秆、麦秸、玉米秸、棉秆等）、秸秆复合材料生产技术（适用于大部分秸秆）、秸秆清洁制浆技术（适用于麦秸、稻秆、棉秆、玉米秸等）、秸秆木糖醇生产技术等。

2. 畜禽粪污资源化利用技术

畜禽粪污资源化利用包括肥料化、燃料化、饲料化等。目前重庆地区普遍采用肥料化和燃料化方式，包括厌氧发酵技术、堆肥处理技术；在利用模式上有异位发酵床模式、粪污全量收集还田利用模式、粪污专业化能源利用模式、固体粪便堆肥利用模式、污水肥料化利用模式、污水达标排放模式等。

根据各地的消纳土地及农业生产情况，合理选择适合的畜禽粪污处理技术及利用模式。采用水泡粪工艺的猪场或自动刮粪回冲工艺的奶牛场，粪污总固体含量小于15%且周边有足够消纳农地的，可采用粪污全量收集还田利用模式。在大型规模养殖场或养殖密集区，且地方政府有相关配套政策保障的可采用粪污专业化能源利用模式。在只有固体粪便、无污水产生或少量污水产生的规模化鸡场、羊场，或者采用干清粪工艺的猪场、牛场等，可采用固体粪便堆肥利用模式。异位发酵床模式适用于周边消纳农地不足的生猪养殖场。污水肥料化利用模式适用于周边配套足够面积消纳农地的规模化猪场或奶牛场。

（1）**厌氧发酵技术** 厌氧发酵是在厌氧微生物的作用下，在一定的温度、水分、厌氧条件下使有机废弃物转化为 CH_4、CO_2 和稳定物质的生物化学过程，分为水解、产酸、产甲烷三个阶段。沼气可作为燃料，沼液可肥田，沼渣可作为肥料利用。根据发酵原料固体含量的不同，厌氧发酵技术主要分为湿式厌氧发酵技术和干式厌氧发酵技术。

1）湿式厌氧发酵技术 发酵的有机物含固率低于15%，一般在10%以下，物料呈液态。湿式发酵会产生大量的沼液，可采用沼液肥水一体化灌溉技术进行利用。

沼液含有丰富的氮、磷、钾、各类氨基酸、维生素、蛋白质、赤霉素等，其中氮、磷、钾是农作物生长的重要元素。沼液肥水一体化灌溉是将沼液和灌溉水一起均匀、准确地送到作物根部土壤，可按照作物生长需求，进行全生育期需求设计，把水分和养分定量、定时，按比例直接提供给作物。其技术路线为"沼液储存池 - 肥水清水配比 - 灌溉首部 - 管道输送 - 灌溉系统 -

还田";技术环节包括肥水灌溉前处理措施、过滤与输送、灌水(肥、药、菌)调配、实时监测与控制(水肥本身物质含量与构成、作物影响、土壤影响、补给量的监控)。配套设施设备包括规模化养殖场拦污栅、沉淀池等预处理设施;梯级水位自动控制阀、电极触发式控制阀等供排水闸阀,调控水肥配给量;设计带自动反冲洗功能组合式过滤器、比例施肥(农药、菌)装置、供水管网、量测仪表、简易重力式灌溉网络等设施设备。

2)干式厌氧发酵技术 发酵原料的干物质通常在20%以上,原料呈固态,处理过程生产沼液少,发酵剩余物可制成有机肥料。适用于处理含水量较低的畜禽粪便、农作物秸秆、有机垃圾等。

目前,沼气发酵原料呈多元化发展,多原料混合发酵产沼气是目前的研究热点。干式厌氧发酵因具有沼液产生量少、原料适应性强等优点逐渐被采用。重庆市农业科学院农业工程研究所研发了多原料干发酵产沼气技术及可移动车厢式干发酵成套装备,见图3-31和图3-32。针对多元物料干发酵连续进出料困难的问题,创新研发了螺旋增压的自密封进料技术、负压螺旋挤压出料技术,实现连续进料TS 50%以上,出料TS高于40%;开发了干发酵物料低速桨叶式搅拌技术及搅拌系统,以及渗滤液自动回流防堵喷淋系统,实现了发酵物料的均质化和高效传热;可移动车厢式干发酵成套装备具有可移动、成套化、模块化、快速组装、建设周期短等特点,为我国丘陵山区中小规模养殖场粪污、农村有机垃圾及农产品加工剩余物的资源化处理利用提

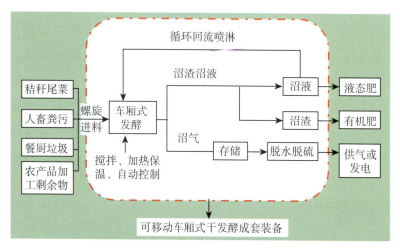

图3-31　可移动车厢式干发酵成套装备工艺流程
（重庆市农业科学院　绘制）

供了一条创新技术模式，对点源污染控制、生态循环农业链条完善、农村环境整治、三峡库区生态涵养等具有重要的作用。

（2）**堆肥处理技术**　堆肥处理是将畜禽粪便等有机废弃物在微生物的作用下分解，转化为可溶性养分和腐殖质的过程。堆肥过程中利用发酵反应产生的高温，可以有效灭杀原料中的病虫卵，实现无害化利用。畜禽粪

图 3-32　可移动干发酵成套装备
（重庆市农业科学院　摄）

污堆肥处理技术经过不断的发展，实现从传统的堆沤、条垛式向密闭式转变，通风方式从自然通风向强制通风转变，堆肥反应环境由不可控向可控发展。目前按照工艺的不同，好氧堆肥处理技术可分为条垛式堆肥、通风静态垛堆肥、槽式堆肥和反应器式堆肥等。

1）条垛式堆肥　条垛式堆肥是一种较为简单、成熟的系统，须用混凝土或者沥青对场地表面做防渗处理，场地还应具有大于1%的坡度，且需要人工或机械定时翻堆，以保证有氧状态。具有操作简单、所需设备较少、投资较低等优点，但需要一定规模的土地，且需添加辅料，堆肥过程相关参数难以把控，有一定臭气产生。

2）通风静态垛堆肥　通风静态垛堆肥技术是在条垛式堆肥的基础上加入了主动式或者被动式通风系统。主动式通风系统是在堆体内架设多孔管道，并在管道周围填充膨松剂，利用鼓风机、空气压缩机等鼓风设备通过管道对堆体内部强制通风。被动式通风系统是通过在堆肥场地挖通风沟，并在堆体垂直方向插入膨松剂，利用烟囱效应对堆体进行自然通风。通风静态垛堆肥因加入了通风系统，有效加强了对堆体温度和通风的控制，使得堆肥周期缩短，间接减少占地。

3）槽式堆肥　槽式堆肥通过将翻堆和强制通风相结合，有利于物料和氧气的充分接触，使得堆体升温快，缩短堆肥周期。主要包括搅拌机和发酵槽两部分，通常有顶棚遮盖设施。槽式堆肥是目前粪污集中处理中心普遍采用的堆肥技术，具有日处理量比较大、可连续作业、机械化程度高的优点，但占地较大，设备等投资成本较高。

4）反应器式堆肥　反应器式堆肥是目前比较先进的堆肥方式，一般采用高温好氧发酵工艺，整个反应过程在一个密闭的装置中完成，可满足通气、搅拌、控温、除臭等需求，可实现自动化。根据装置的不同，可分为滚筒式、筒仓式、塔式和隧道式等。

重庆市农业科学院农业工程研究所创新研发了适合不同处理规模的好氧堆肥装备。针对现有堆肥机出料存在死角的技术瓶颈，研发了双斜面螺旋出料技术，集成管道鼓风充氧、电动推杆搅拌等装置，研制了小型立式好氧堆肥机，见图3-33，满足中小型养殖场高效、轻简堆肥作业需求，堆肥效率提升30%，畜禽粪便堆肥有机质含量达到60%以上。针对农户庭院有机废弃物堆沤循环利用的需求，研发了具有保温功能的八边形可移动式旋转堆肥箱，见图3-34，无机械能耗、无辅助升温装置，堆肥周期较传统沤肥缩短50%，厨余-家禽粪便堆肥有机质、腐殖质含量达到70%和40%以上，实现农村有机废弃物就地就近就农处理利用，改善了农村人居环境。同时，可衍生家庭园艺肥料、循环农业科普等生态产品。

图3-33　小型立式好氧堆肥机
（重庆市农业科学院　摄）

图3-34　可移动式旋转堆肥箱
（重庆市农业科学院　摄）

3. 有机废弃物生物过腹转化技术

（1）蚯蚓过腹转化技术　蚯蚓具有分布广，适应性强，繁殖快，抗病力强，用途广大，饲养原料十分广泛、廉价，饲养方式简单，经济效益、社会效益高等特点。利用蚯蚓腐食性、杂食性的特点，以秸秆、尾菜、畜禽粪便、有机垃圾、污泥、药渣、食品渣等有机废弃物饲养蚯蚓，过腹转化为高值的蚯蚓虫体蛋白产品及蚯蚓粪有机肥，没有二次污染，处理成本低廉，是一种道法自然的生态处理方式。蚯蚓采食量大，每天的消耗量等于自身重量。蚯蚓作为高蛋白饲料可应用于发展养殖业，蚯蚓粪能活化土壤，是高级园艺肥料和很好的土壤改良肥料，同时蚯蚓粪有效态氮、磷和钾含量高，可促进作物增产，提高农产品品质。蚯蚓粪还具有无臭味、干净卫生等特点，可作为吸附异味的吸附剂。采用蚯蚓过腹转化有机废弃物，能够形成可持续利用的生物链，使农业生产过程形成完整的闭环，促进打造绿色生态循环产业链。

重庆市农业科学院农业工程研究所创新研发了乡村多原料有机废弃物蚯蚓工厂化养殖技术，见图3-35，核心设备主要有立式好氧堆肥设备、蚯蚓上料机、蚯蚓养殖机、蚯蚓筛分机等。叶菜类采用铡刀铡切或未铡切，茎秆藤蔓类尾菜及秸秆杂草采用粉碎机进行粉碎至粒径小于2厘米，而后与鸡粪、猪粪、发酵菌剂混合搅拌，进入立式好氧堆肥机中进行好氧堆肥，堆肥7～10天后可用作蚯蚓饲料。菌包、茶渣、牛粪、污泥可以直接作为蚯蚓饲料养殖蚯蚓。蚯蚓饲料可以通过蚯蚓上料机铺放至蚯蚓养殖床或蚯蚓养殖机中，收获时可用蚯蚓筛分机将蚯蚓和蚯蚓粪分离开，见图3-36至图3-38。蚯蚓粪肥作为有机肥还田，蚯蚓作为高蛋白饲料用于家禽及水产养殖，可衍生家庭园艺肥料、蚯蚓垂钓产品、循环农业科普等生态产品。

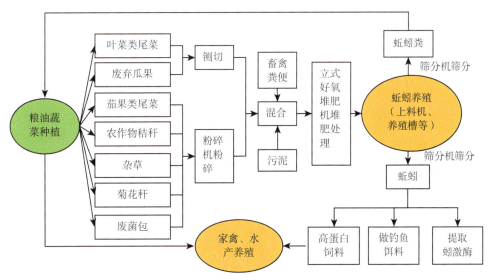

图3-35　乡村多原料有机废弃物蚯蚓工厂化养殖技术流程
（重庆市农业科学院　绘制）

图 3-36　蚯蚓养殖机
（重庆市农业科学院　摄）

图 3-37　蚯蚓饲料上料机
（重庆市农业科学院　摄）

图 3-38　蚯蚓筛分机
（重庆市农业科学院　摄）

（2）黑水虻过腹转化技术　黑水虻（*Hermetia illucens* L.），中文学名亮斑扁角水虻，号称化腐朽为神奇的水虻，腐生性的水虻科昆虫，能够取食畜禽粪便和生活垃圾，生产高价值的动物蛋白饲料。黑水虻具有繁殖迅速，生物量大，食性广泛、吸收转化率高，容易管理、饲养成本低，动物适口性好等特点。黑水虻幼虫通过采食猪、牛、鸡等新鲜粪便，摄取其中的营养物质转化为自身的蛋白质，从而达到降解粪便的作用，同时消除了粪便的臭味。黑水虻幼虫含有丰富营养，粗蛋白质含量高，可用作昆虫蛋白添加到畜禽饲料中，能够有效促进动物的生长，提高肉品质；黑水虻幼虫粪是很好的有机肥。黑水虻处理 1 吨新鲜鸡粪（含水量约为 70%），可以获得 150～250 千克的黑水虻鲜幼虫和 200 千克的有机肥；处理 1 吨新鲜猪粪（含水量约为 70%），可以获得 100 千克左右的黑水虻鲜幼虫和 300 千克的有机肥。可衍生家庭园艺肥料、循环农业科普等生态产品。黑水虻过腹转化技术流程见图 3-39。

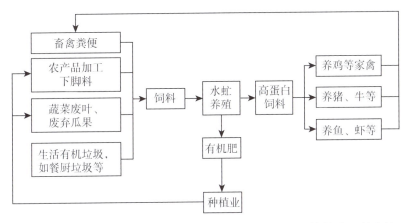

图 3-39　黑水虻过腹转化技术流程（重庆市农业科学院　绘制）

（3）黄粉虫过腹转化技术　黄粉虫食性杂、转化率高，能够有效消化农业有机废弃物、厨余垃圾等，继而转化为可利用的昆虫蛋白和虫粪。1 千克虫种 1 年至少繁殖 4 代，3 个月完成一个世代，年终能产 50～100 千克黄粉虫幼虫。1 千克黄粉虫在一代周期中可吃掉 2.5 千克麦麸等精料、5 千克青料。黄粉虫具有蛋白质含量高、纤维含量低、营养成分全面等特点，是很好的蛋白质饲料；虫粪营养丰富，综合利用价值高，目前主要用作饲料、有机肥、食用菌栽培基质、化工原料等，可衍生家庭园艺肥料、循环农业科普等生态产品。

（三）生态立体种养技术

1. 生态立体种植技术

生态种植主要是通过提高太阳能的固定率和利用率、生物能的转化率、废弃物的再循环利用率等，促进物质在农业生态系统内部的循环利用和多次重复利用，以尽可能少的投入，求得尽可能多的产出，并获得生产发展、能源再利用、生态环境保护、经济效益等相统一的综合性效果，使农业生产处于良性循环中。生态立体种植可根据不同作物的不同特性，如高秆与矮秆、富光与耐阴、早熟与晚熟、深根与浅根，以及豆科与禾本科，利用作物在生长过程中的时空差，合理实行科学的间种、套种、复种和轮种等配套种植，形成多种作物、多层次、多时序的生态立体交叉种植结构。

（1）**间种技术** 间种是在一块地上，同时期按一定行数的比例间隔种植两种以上作物的栽培方式。间种往往是高秆作物与矮秆作物间种，如玉米间种大豆或蔬菜。实行间种对高作物可以密植，充分利用边际效应获得高产，矮作物受影响较小，充分利用光能和 CO_2。其中高作物行数越少，矮作物的行数越多，间种效果越好。一般多采用 2 行高作物间 4 行矮作物即 2∶4，采用 4∶6 或 4∶4 比例的也较多。间种比例可根据具体条件来定。

（2）**套种技术** 套种是在前季作物生长后期的株行间播种或移栽后季作物的种植方式，也叫套作、串种。对比单作，它不仅能阶段性地充分利用空间，更重要的是能延长后季作物的生长季节，提高复种指数，提高年总产量，是一种集约利用时间的种植方式。

（3）**复种技术** 复种是一年内于同一田地上连续种植两季或两季以上作物的种植方式。如麦-棉一年二熟，麦-稻-稻一年三熟；此外，还有二年三熟、三年五熟等。上茬作物收获后，除了采用直接播种下茬作物于前作物茬地上以外，还可以利用再生、移栽、套作等方法达到复种目的。

（4）**轮种技术** 轮种是指前后两季种植不同的作物或相邻两年内种植不同的复种方式。由于不同作物对土壤中的养分具有不同的吸收利用能力，因此，轮种有利于土壤中养分的均衡消耗。同时还有利于减轻与作物伴生的病虫杂草的危害。

（5）**高密度立体设施栽培技术** 高密度立体设施栽培是在不影响平面栽培的条件下，通过四周竖立起来的柱型或墙型等栽培向空间发展，充分利用温室空间和太阳能，可提高土地利用率 3～5 倍，提高单产面积产量 2～3 倍。高密度立体栽培包括栽培设施设备选择（立体栽培架、加液回液系统、水肥一体化灌溉系统等）、栽培蔬菜品种选择（适用于矮生型叶菜，其向上生长的高度一般不宜超过 45 厘米）、环境因子控制（光照、温度、湿度等）。

2. 生态立体养殖技术

（1）**稻鸭共作技术** 实施稻鸭共作一般包括田块的选择与准备、水稻和鸭子品种的选用与准备、防护网与鸭棚的准备、水稻的移栽与鸭子的投放（雏鸭的驯水，放养的时间、密度）、稻鸭共作的田间管理和鸭子的饲喂、鸭子的回收和水稻的收获等主要过程。当然各地由于季节和稻作制度的不同，在种养模式的具体技术上亦略有不同。

水稻品种选择：选用株型紧凑、分蘖力强、抗性强、品质优、成穗率高、熟期适中的大穗型品种。

鸭品种选择：鸭苗放养前应进行采食、驯水等驯养。选择体型小、适应性广、抗逆性强、生活力强、活动时间长、活动量大、嗜食野生生物等役鸭型品种。

放养时间和密度：鸭子育雏 18～20 天，水稻栽后 15 天左右，每亩放 10 只左右鸭苗。平时稻田应保持 10 厘米左右水层。

稻鸭共作系统中，鸭通过活动搅动土壤和水体，改善了土壤通透性，使得水中溶氧量增加，优化了群落结构和生态环境，促进了水稻和鸭的生长发育；鸭子粪便成为水稻天然有机肥源，节省了大量无机肥料和农药投入，生产优质安全生态稻米和鸭子，一举多得。

（2）稻渔共生技术　是根据生态循环农业及生态经济学的特点，将水稻种植与水产养殖有机结合起来的立体生态农业生产方式，是一种"一水两用、一田多收、生态循环、高效节能"的模式。实施稻鸭共作一般包括田间工程（田埂、田块、鱼沟、鱼凼、拦鱼栅、排洪与进水系统等）、水产品种选择（鱼、虾、蟹等）、投放时间和投放量（栽秧后 7～10 天投放，投放量 50～80 尾鱼苗/亩）、水肥管理、饲养管理、病虫草害防控、捕捞等。它利用物质循环原理，采用生物防治、物理防治等生态防治方法，可以做到不用化肥、不用农药，实现全生态生产管理，鱼类可以疏松水稻根系土壤，其排泄物作为水稻的有机肥料，有效改良土壤结构，提高水稻产量和品质；稻田生态系统为鱼类提供良好的栖息环境，水草、有机质、昆虫、底栖生物又可作为天然饵料，实现了有机物质的循环利用。

（3）鱼菜共生技术　鱼菜共生是一种新型的复合耕作体系，它把水产养殖与水耕栽培这两种原本完全不同的农耕技术，通过巧妙的生态设计，让鱼、蔬菜、微生物之间形成一种生态平衡的复合种养模式。在鱼菜共生系统中，水产养殖的尾水经处理后被输送到水培栽培系统，由细菌将水中的氨氮分解成亚硝酸盐，然后被硝化细菌分解成硝酸盐，硝酸盐可以直接被植物作为营养吸收利用。

重庆市农业科学院农业工程研究所创新研发了高密度工厂化鱼菜共生生产技术及模式，研究形成了"一主两辅"工厂化鱼菜共生生产工艺，养鱼循环水经物理过滤、生物降解、杀菌消毒等处理方式，满足养鱼水质要求。养鱼尾水经浓缩预处理＋厌氧＋好氧＋生物滤池等多级处理发酵，变尾水为水溶性肥料，由蔬菜、藻类的梯级利用后回到鱼池。实现了种养循环全利用、种植氮肥零添加、养殖粪污零排放、产品品质零风险。养鱼密度可达80～100千克/米³，效益是传统池塘养殖的10～15倍，降低蔬菜种植成本20%以上。通过控制平台实现了水质参数的精准监测预警、自动投饵等智能作业，节约劳动力80%以上。同时，可衍生鱼菜共生绿色循环农业科普教育等生态产品，见图3-40至图3-42。

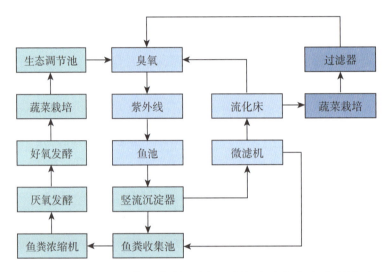

图 3-40 "一主两辅"工厂化鱼菜共生循环系统（重庆市农业科学院 绘制）

图 3-41 鱼菜共生 AI 工厂（重庆市农业科学院 摄）

图 3-42　高密度工厂化鱼菜共生技术模式（重庆市农业科学院　摄）

3. 林下复合种养技术

（1）**果园林下套种牧草技术**　果园林下套种牧草可充分利用果园果树行间空地、梯壁、梯埂、畦面和边角等，套种豆科植物、禾本科牧草等，能够有效防止水分过量蒸发、降低土温、防止果园水土流失、抑制杂草生长、提高土壤肥力、减少化肥用量，改善果园生态环境，又能够提供青饲料。果园套种牧草一般包括标准化果园建设、牧草品种选择、栽培方式与栽培管理等。

牧草种类以低秆、生长迅速、有较高的草量、短期内地面覆盖率高的牧草或豆科植物为主。采用的草种以不影响果树的光照为宜，并尽量减少与果树争水争肥，对果园起到固碳增肥作用；以与果树无共同病虫害，非果树病虫害中间宿主的植物，能栖息果树害虫天敌的牧草为佳。如白三叶草、豆科紫花苜蓿、紫云英、鸭茅、小黑麦草、圆叶决明、绿肥、野豌豆等。

在栽培方式上，豆科紫花苜蓿 3 月上旬至 5 月上中旬播种，每亩播种 1.5～2 千克，条播、撒播均可；紫云英 9 月中下旬播种，宜采用撒播或条播。播种前割除果园杂草，播后覆盖树盘。

（2）**果园林下养家禽技术**　果园林下养家禽是利用果园林下土地资源和林荫优势饲养鸡、鸭、鹅等家禽的生态养殖新模式，在提高果树、家禽附加值的同时，建立起家禽与果园互促互利的良性循环。家禽啄食杂草和害虫，减少了人工除草或除草剂等农药施用，同时也在一定程度上控制了虫害，提高果品质，节支增收。果园林下养家禽技术包括家禽品种选择、禽舍设施、放养时间和放养量、放养方式、饲养管理、疫病防治等。

每亩果园家禽放养量不大于 50 只，育雏 25 天左右的家禽苗为宜。

可采用分区轮牧放养，即根据果园地形特点，将果园分为若干个小区，按照面积大小放养适量的家禽数量，小区用围网隔离。待放养一段时间后（视放养小区地表覆草情况而定，覆草稀疏地表裸露时即可轮牧），将家禽转换到另一个小区中。果园采摘期不宜放养大于 0.5 千克的家禽。采用这种轮牧制度，能够有效防止过度放养造成的水土流失，保证土壤肥力均匀。

三、农产品加工技术

（一）农产品采后保鲜技术

随着社会的不断发展，人民的生活水平逐渐提高，对饮食的要求也从量过渡到质，不仅要求填饱肚子，还会关注饮食结构的均衡、农产品的营养和种类，而农产品的营养和新鲜程度则是生鲜农产品的价值所在。新鲜的农产品由于呼吸作用、微生物活动及自身水分含量高等因素，在采摘、贮藏、运输过程中容易发生磕碰损伤、腐烂变质等情况，造成农产品的大量损耗。因此，农产品采后保鲜技术是减少农产品损耗必不可少的手段，不仅可以增加生鲜农产品的附加价值，还可以通过规范采摘、分级、贮藏、运输、销售等各个环节，带动相关产业发展。

1. 蔬菜采后保鲜

蔬菜由于种类繁多，对采后保鲜的要求也不尽相同，所以应根据不同品种蔬菜的特性，选择合适的保鲜技术。

总体的蔬菜采后保鲜流程如下：

采前准备→采收→清理、分级→预冷→包装→贮藏→运输→销售

采前准备　根据蔬菜保鲜处理方式的不同，需要进行不同的采前准备。采前需检查蔬菜的虫害、病害等情况，合格的情况下才能进行采收。对贮藏场地（冷库、地窖、库房等）、采收工具（菜筐等）需进行清洁和消毒，可用过氧乙酸、漂白粉、抑霉唑等进行熏蒸、喷洒。

采收　根据蔬菜的品种选择合适的成熟度进行采收。采收后装入菜筐，码放时不可过满，以免挤压损伤菜体，同时表面覆盖报纸或塑料薄膜，防止水分蒸发。采后立即运往加工场所进行清理、分级、预冷，做到随收随运，尽量减少在田间停留的时间。

清理、分级　田间采收后，蔬菜往往带有残叶、败叶、泥土、虫害等污

染，会严重影响蔬菜品质，必须及时进行清理，并同时进行整理，剔除有机械损伤及外观不符合商品要求的蔬菜。清理后，按相同等级、相同大小规格集中堆置、分别装箱。分级后的蔬菜要求具有本品种固有的形状、色泽，成熟度适宜，清洁、新鲜，外部无泥土和不可食叶片；无杂物、无病虫害及其他伤害。

预冷　蔬菜采后应及时进行预冷，快速降低蔬菜温度，释放蔬菜田间热，抑制蔬菜呼吸强度和酶活性，达到延长贮藏期的作用。预冷有真空预冷、冷水预冷、压差预冷等多种方式，可选择合适的方式、预冷条件进行预冷。

包装　包装分为外包装（田间包装）和内包装（销售包装），外包装中，塑料筐是最常用的蔬菜贮运包装材料，它强度高，耐挤压且不易造成损伤；内包装包括塑料膜、塑料袋、网袋、小纸箱等。几株（或单株）蔬菜用塑料膜或网袋包装后码放至塑料筐或瓦楞纸箱中，内部码放层数不宜过多，防止压伤。

贮藏　预冷、包装后的蔬菜根据需求进行冷库（或地窖）贮藏或者直接运输及销售。不同蔬菜的贮藏条件差异较大，例如，大部分绿叶类蔬菜需控制温度在 0～5℃，相对湿度控制在 90%～95%；四季豆等豆荚类蔬菜需控制在 9℃左右，若低于 6℃易发生冷害，相对湿度控制在 80%～90%；冬瓜、南瓜等瓜类蔬菜需控制在 10℃以上，低于 10℃时易发生冷害，相对湿度控制在 70%～80%。贮藏期间应定时检测冷库（或地窖）的温度、湿度是否在设定范围内，并及时记录蔬菜的出入库情况。

运输　运输是一种动态的贮藏。运输的工具必须安全无害且清洁，防止蔬菜被污染，且在装运时，需对运输工具进行彻底的清洗或消毒；运输时，应与其他非食用货物分开装运，严禁混装混放，以免污染蔬菜。运输时间较短时（10 小时以内），可选择常温车运输，运输时间较长（10 小时以上）或夏季温度较高时（30℃以上）则最好采用冷藏车进行运输。运输过程中应尽量保持温湿度与贮藏期间条件一致，若使用常温车，可使用冰袋等进行降温。蔬菜运输过程中的装卸货应做到快装快卸、轻装轻卸，尽量减少运输过程中产生的机械损伤。

销售　蔬菜运输至销售场所后，可根据条件进行码放、销售。蔬菜码放时不宜堆叠过高，易萎蔫、腐烂的蔬菜应尽量置于蔬菜冷藏柜中进行销售。销售时应使用显眼的标牌标明蔬菜的品种及价格，方便顾客选购。

2. 水果采后保鲜

由于水果种类繁多，对采后保鲜的要求也不尽相同，所以应根据不同品种水果的特性，选择合适的保鲜技术。

总体的水果采后保鲜流程如下：

采前准备→采收→清理、分级→预冷→包装→贮藏→运输→销售

采前准备 根据水果保鲜处理方式的不同需要进行不同的采前准备。采前需检查水果的成熟度、虫害、病害等情况，合格的情况下才能进行采收。对贮藏场地（冷库、地窖、库房等）、采收工具（果筐等）需进行清洁和消毒，可用过氧乙酸、漂白粉、抑霉唑等进行熏蒸、喷洒。

采收 根据水果的品种选择合适的成熟度进行采收。采收后装入果筐，码放时不可过满，以免挤压产生机械损伤，同时表面覆盖报纸或塑料薄膜，防止水分蒸发。采收应避免高温和雨淋，尽量在早晚进行，采后立即运往加工场所进行清理、分级、预冷，做到随收随运，尽量减少在田间停留的时间。

清理、分级 田间采后水果往往带有病果、伤果、裂果、败叶等，会严重影响水果品质，必须及时进行清理，并同时进行整理，剔除有机械损伤及外观不符合商品要求的水果。清理后，按相同等级、相同大小规格集中堆置、分别装箱。分级后的水果要求具有本品种固有的形状、色泽，成熟度适宜，清洁、新鲜，无杂物、无病虫害及其他伤害。

预冷 水果采后应及时进行预冷，快速降低水果温度，释放水果田间热，抑制水果的呼吸强度和酶活性，达到延长贮藏期的作用。预冷有真空预冷、冷水预冷、压差预冷等多种方式，可选择合适的方式、预冷条件进行预冷。

包装 包装分为外包装（田间包装）和内包装（销售包装），外包装中，塑料筐是最常用的水果贮运包装材料，它强度高，耐挤压且不易损伤；内包装包括塑料膜、塑料袋、网袋、小纸箱等。单粒水果用塑料膜或网袋包装后码放至塑料筐或瓦楞纸箱中，内部码放层数不宜过多，防止压伤。容易损伤的蓝莓、桑甚、草莓等浆果，应在采收时直接使用小塑料盒、小塑料筐等进行包装，尽量减少人为造成的机械损伤。

贮藏 预冷、包装后的水果根据需求进行冷库（或地窖）贮藏或者直接运输及销售。不同水果的贮藏条件差异较大，例如，苹果、梨、柑橘等常见水果需控制温度在 $0 \sim 3℃$，相对湿度控制在 $85\% \sim 95\%$；芒果、菠萝、香蕉、番荔枝等热带水果需控制在 $10℃$ 以上，若温度过低容易发生冷害，相对湿度控制在 $80\% \sim 90\%$。期间应定时检测冷库（或地窖）的温度、湿度是否在设定范围内，并及时记录水果的出入库情况。

运输　运输是一种动态的贮藏。运输的工具必须安全无害且清洁，防止水果被污染，且在装运时，需对运输工具进行彻底的清洗或消毒；运输时，应与其他非食用货物分开装运，严禁混装混放，以免污染水果。水果最好采用冷藏车进行运输。运输过程中应尽量保持温湿度与贮藏期间条件一致。水果运输过程中的装卸货应做到快装快卸、轻装轻卸，尽量减少运输过程中产生的机械损伤。

销售　水果运输至销售场所后，可根据条件进行码放、销售。水果码放时不宜堆叠过高，桑葚、草莓、枇杷等易损伤、腐烂的水果应尽量置于水果冷藏柜中进行销售。销售时应使用显眼的标牌标明水果的品种及价格，方便顾客选购。

（二）农产品加工技术

1. 果酒

果酒是一种以水果为原料，经调糖、调酸、酵母菌发酵、过滤、澄清、陈酿、调制等工艺，生产出来的一种具有较低酒精度的、果香味独特的、营养物质丰富的酒品。适宜加工成果酒的水果种类有很多，如柑橘、桑葚、蓝莓、青梅、杨梅等，加工成果酒后，果酒含有多酚类物质、花青素、氨基酸、矿物质等营养，适量饮用具有抗氧化、促进新陈代谢等功能。

（1）主要加工设施设备

去皮设备：夹层锅。

清洗设备：鼓泡清洗机、毛刷清洗机、强流除水机。

榨汁设备：双道去皮去核打浆机。

过滤澄清设备：硅藻土过滤机。

灌装封口设备：定量液体灌装机。

（2）工艺流程

白砂糖、亚硫酸氢钠　　　亚硫酸氢钠
↓　　　　　　　　↓
原料→清洗→打浆制汁→调整成分→发酵→过滤澄清→陈酿→澄清
→调配→过滤→灌装→成品　　　　　↑
酵母 → 扩大培养

（3）操作要点

原料　选择完熟，组织未软化，无霉变、无褐变、腐烂及病虫害的鲜果作为加工原料，鲜果污染物及农药残留符合 GB 2762—2022、GB 2763—2021 的要求，见图 3-43。

清洗　采用人工或水果清洗设备清洗水果表面灰尘、污物、腐叶等，洗涤时加入次氯酸钠 50 ～ 100 毫克/升，并自然沥干或强流除水设备除水。

图 3-43　火棘果原料
（重庆市农业科学院　摄）

打浆制汁　采用双道打浆机或其他去核打浆机打浆取汁。详见图 3-44、图 3-45。

图 3-44　柑橘类榨汁机　　图 3-45　柑橘皮渣（重庆市农业科学院　摄）

酵母扩大培养　在 40 ～ 42℃的温开水中加 5% ～ 10% 蔗糖，并进行溶化，再加入 0.03% ～ 0.05% 的果酒酵母活化，活化至表面产生大量泡沫。

调整成分　为充分保证发酵后果酒酒精度达到 10.0% ～ 14.0%（以体积百分比浓度计），打浆制汁后添加适量白砂糖，将汁液的浓度调整到 20 ～ 23 白利度，再加入无水硫酸氢钠，质量浓度达到 100 毫克/升（以二氧化硫残留量计），充分搅拌均匀，抑制浆液带有的腐败微生物繁殖，保证发酵过程顺利进行。

发酵　成分调整完毕后，将活化好的酵母加入发酵容器中，搅拌均匀后置于 20 ～ 22℃下发酵，主发酵时间为 14 天左右，直至不再有大量气泡产生，且原酒和残渣分层明显为止，见图 3-46。

过滤澄清　发酵结束后采用过滤澄清设备或静置倒罐方式进行酒渣分离。过滤澄清设备一般采用的是硅藻土过滤机，同时还可以添加果胶酶、壳聚糖等澄清剂进行辅助澄清处理。

陈酿　过滤澄清后酒液采用不锈钢贮液罐进行陈酿，加入无水硫酸氢钠，质量浓度达到 100 毫克 / 升（以二氧化硫残留量计），并定期倒罐，倒罐时取上清液集中到新的罐体，陈酿应尽量装满罐体，减少酒体氧化褐变。陈酿能使果酒香气和口感趋于平衡、柔和、协调。

图 3-46　火棘果酒发酵中
（重庆市农业科学院　摄）

调配　根据消费人群、嗜好，对果酒糖、酸等成分进行调配，并封缸贮藏一段时间，过滤灌装，见图 3-47。

图 3-47　血橙果酒和火棘果酒（重庆市农业科学院　摄）

（4）产品质量要求

感官指标　具有本品种正常色泽，酒液清亮，无明显沉淀物、悬浮物、混浊现象；具有原果实特有香气，浓郁酒香，且与果香融为一体，无突出酒精气味；口感酸甜适口，醇厚纯净而无异味；甜型酒甜而不腻；干型酒干而不涩，酒体协调。

理化指标　酒精度 10% ～ 14%；甲醇 ≤ 0.4 克 / 升；滴定酸（以酒石酸计）4.0 ～ 9.0 克 / 升；挥发酸（以乙酸计）≤ 1.5 克 / 升；总糖（以葡萄糖

计）干型 ≤ 4.0 克 / 升，半干型 4.1 ～ 12.0 克 / 升，半甜型 12.1 ～ 45.0 克 / 升，甜型 ≥ 45.0 克 / 升。

污染物限量　应符合 GB 2762—2022 的规定。

微生物限量　菌落总数 ≤ 50 菌落形成单位 / 毫升；大肠菌群 ≤ 3 最大或然数 /100 毫升；致病菌（沙门氏菌、志贺氏菌、金黄色葡萄球菌）不得检出。

2. 乳酸菌发酵饮品

乳酸菌发酵饮品是一种以水果为原料，经乳酸菌发酵而成的一种酸甜可口、果香馥郁、富含鲜活益生菌的饮品，草莓、葡萄、桃、李、猕猴桃等汁水较多的水果比较适宜加工成乳酸菌发酵饮品。乳酸菌发酵饮品不仅味道酸甜清新爽口，其中富含的大量乳酸菌还具有调节肠道菌群、帮助消化、改善腹泻、增强免疫力等功能。

（1）工艺流程

原料→清洗→制汁→发酵→调配→罐装→检测

菌种→活化、扩培

（2）主要加工设施设备

清洗设备：鼓泡清洗机、毛刷清洗机。

活化、扩培设备：摇床、扩培罐。

发酵设备：液体发酵罐。

罐装设备：定量饮料灌装机。

（3）操作要点

原料　选择完熟，组织可略有软化，无霉变、无褐变、腐烂及病虫害的鲜果作为加工原料，鲜果污染物及农残符合 GB 2762—2022、GB 2763—2021 的要求。

清洗　采用鼓泡式清洗机进行浸泡清洗，清洗时可加入 50 ～ 100 克 / 升次氯酸钠，去除鲜果表面黏附的尘土、泥沙、污物、残留药剂及部分微生物，然后采用毛刷清洗机进行刷洗，并喷淋清洗。

活化、扩培　选取植物乳杆菌、嗜热链球菌、嗜酸乳杆菌作为乳酸菌饮品发酵菌种（也可选择其他乳酸菌种）。分别采用摇床进行液体培养活化（MRS 培养基），然后在扩培罐中进行扩培，37℃下培养 24 小时，离心去上清液，然后多次洗涤离心去上清液后将菌种加入原汁进行发酵。

制汁　采用双道打浆机或其他去核打浆机打浆取汁。

发酵　植物乳杆菌、嗜热链球菌、嗜酸乳杆菌按 1∶1∶1 的比例接种到果汁液中，接种量为 0.1%，37℃下培养 3 天。

调配　添加 0.2 克 / 千克三氯蔗糖、0.12% 黄原胶、0.06% 藻酸丙二醇酯、0.08% 羧甲基纤维素钠进行调味或产品体系稳定。

灌装　直接采用聚酯瓶盛装，冷藏在 4℃ 环境中，可充分保持乳酸菌活力、冷藏时间不宜超过 21 天。

（4）产品质量要求

感官指标　液态，允许有少量可溶性沉淀；具有产品应有的色泽；具有该品种应有的滋味和气味，酸甜适口，无异味；无肉眼可见外来杂质。

理化指标　酸度 ≥ 30.0°T；pH ≤ 4.5。

乳酸菌数　活菌数 ≥ 1×10^6 菌落形成单位 / 毫升。

污染物限量　应符合 GB 2762—2022 的规定。

微生物限量　大肠菌群 ≤ 3 最大或然数 /100 毫升；霉菌 ≤ 20 菌落形成单位 / 毫升；酵母 ≤ 50 菌落形成单位 / 毫升；致病菌（沙门氏菌、金黄色葡萄球菌）不得检出。

3. 冻干果蔬脆

冻干果蔬脆是一种以新鲜水果、蔬菜为原料，经清洗、去核（切片）、预冻、真空冷冻干燥而成的果蔬脆产品。在冻干果蔬脆加工过程中，全程加工温度最高不超过 30℃，所以能最大限度地保留新鲜果蔬的色泽、口味及营养物质。冻干果蔬脆因其营养好、耐贮存等优点，具有巨大的商业潜力。冻干果蔬脆的原料选择也非常广泛，如草莓、桃、菠萝、无花果、秋葵、香菇、萝卜等，较小的果蔬可整粒进行冻干（如草莓、香菇等），较大的果蔬则需先切片再冻干（如菠萝、萝卜等）。

（1）工艺流程

原料→清洗→去核（切片）→预冻→冻干→分级→包装→成品

（2）主要加工设施设备

清洗设备：鼓泡清洗机、毛刷清洗机、强流除水机。

去核、切片设备：水果去核机或手持去核器、果蔬切片机。

预冻设备：隧道速冻机（箱式速冻机、低温冻库）。

冻干设备：真空冷冻干燥机。

包装设备：果蔬充氮包装机。

（3）操作要点

原料 选择完熟，组织未软化，无疤痕、损伤、腐烂褐变的新鲜果蔬，若需去核切片的原料则需具备质地适宜刀具切片或去核的硬脆度，具有一定组织纤维的果蔬更适宜进行冻干加工（如桃、菠萝、秋葵、香菇等）。

清洗 可通过人工或水果专用清洗设备进行清洗，清洗时应防止野蛮操作或设备设施尖锐面对果体表面和组织内部造成损失。

去核（切片） 清洗后根据原料种类特性进行去核、切片，桃、李、山楂、樱桃、枣等有核水果需先选用手执去核器或果蔬去核机去除果核。较小的果蔬（樱桃、草莓、香菇等）可直接进入下一工序，较大的果蔬（桃、菠萝、萝卜、紫薯等）需进一步劈半或切片，见图3-48、图3-49。

图 3-48　去核切片脆李　　　图 3-49　切片血橙（重庆市农业科学院　摄）

预冻 将去核（切片）后的果蔬放入低温冻库或专用速冻设备进行预冻，预冻至中心在 -18℃以下。

冻干 先在 -45℃冻结2小时，后逐步升温。升温程序为 -40℃、2小时，-30℃、2小时，-20℃、2小时，-10℃、2小时，0℃、2小时，10℃、2小时，20℃、2小时，30℃至干燥结束，干燥时间和物料厚度、物料质地有关，总体需要36小时左右。

分级 根据果蔬脆大小、外形、完整度进行分级，也可根据企业自己建立的产品标准进行分级，并将果蔬脆中的杂质和碎片去除。

包装 可采用具有一定抗压性能的塑料瓶进行铝箔热合密封包装，也可采用食品铝箔包装袋进行充氮气包装，采用任何包装时，包装里面都应根据净含量多少放入适量的吸湿剂，见图3-50。

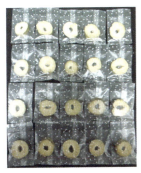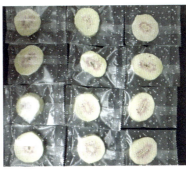

图 3-50　包装后的冻干脆李、冻干猕猴桃（重庆市农业科学院　摄）

（4）产品质量要求

感官指标　具有该品种果蔬加工后应有的正常颜色；具有相应品种果蔬的滋味和香气，无异味，口感酥脆；果蔬脆厚度和大小基本均匀一致，形态基本完好；无正常视力可见杂质。

理化指标　水分 ≤ 5.0 克 /100 克；筛下物 ≤ 3.0%；二硫化物残留量物不得检出。

污染物限量　应符合 GB 2762—2022 的规定。

微生物限量　菌落总数 ≤ 500 菌落形成单位 / 克；大肠菌群 ≤ 3 最大或然数 / 克；致病菌（沙门氏菌、志贺氏菌、金黄色葡萄球菌）不得检出。

4. 低糖果脯

果脯是一种以水果为原料，经清洗、渗糖、干制而成的一种耐贮藏、质地柔软、酸甜可口的休闲食品，目前市面上的果脯多为高糖果脯，含糖量过多，不仅口感较甜腻，过多食用也不利于身体健康。因此低糖果脯将成为消费者的主流选择。桃、李、杏、西梅、杨梅、芒果、菠萝、柚子皮等都可做成果脯。

（1）主要加工设备设施

清洗设备：鼓泡清洗机、毛刷清洗机、强流除水机。

预处理设备：去核机或手持去核器、水果去皮机、水果切片机。

渗糖设备：夹层锅或真空渗糖罐。

干制设备：烘房或烘箱（电热、红外线、微波、热泵等）。

（2）工艺流程

原料→挑选→清洗→预处理（去核、切片等）→渗糖→干制→包装→成品

糖液

（3）操作要点

原料　挑选果大、肉质厚、完熟、未软化的无腐烂褐变水果为原料，污染物和农药残留符合 GB 2762—2022、GB 2763—2021 的要求。

挑选　去除腐烂、褐变、发酵的水果，并去除树叶、树枝及其他异物等，未发生褐变、腐烂、发酵的损伤、裂口果可作为加工原料。

清洗　采用人工或水果清洗设备清洗表面灰尘、污物、腐叶等，并自然沥干或强流除水设备除水。

预处理　桃、李、杏等有核水果可进行去皮处理，桃、菠萝、芒果等较大的水果可先去皮再切成 0.5 ～ 1 厘米的厚片。柚子皮则需去除黄皮部分，再切成 5 厘米左右长条状后，再用 5% 氯化钠溶液煮制 5 分钟左右，挤干水分后，多次用清水淘洗去除苦味，见图 3-51。

图 3-51　去核脆李
（重庆市农业科学院　摄）

制糖液　按糖液总质量计，在 80 ～ 90℃热水中加入白砂糖 25.0% ～ 40.0%、填充剂（瓜尔胶、黄原胶、羧甲基纤维素钠）0.2% ～ 0.5%、植酸或植酸钠 0.1‰ ～ 0.25‰、食盐 0.5% ～ 1.0%、柠檬酸 0.2% ～ 0.5%、亚硫酸氢钠 0.1‰ ～ 0.3‰，充分溶解。

渗糖　按方法分主要包括煮制渗糖、真空渗糖。煮制渗糖：预处理后的果坯与糖液按质量比为 1∶2 比例混合，煮沸 20 ～ 30 分钟，并不断搅拌，防止锅底产生糖焦，同时去除沸腾时锅面的糖沫，以免影响果脯的外观质量。煮制后进行糖渍上下翻动，使果坯吸糖均匀，糖渍时间不宜过长，否则果坯表面易结壳，烘干后果脯表面不起糖霜；糖渍时间过短，糖分分布不均，会影响果脯质量。一般糖渍时间为 24 小时。真空渗糖：温度 60 ～ 65℃，真空度 0.07 ～ 0.08 兆帕，维持 30 ～ 40 分钟，然后消压渗糖 4 小时可达到所需糖度，可大大提高糖制效率，同时有利于品质保持。

干制　渗糖后的果坯均匀放置在烘筛上，连续烘制 8 ～ 16 小时，温度控制在 55 ～ 60℃，温度不宜过高，也不宜过低。过高，果脯表面易形成不透水薄层干膜，表面迅速结壳硬化，甚至出现表面焦化和干裂，干燥速率急剧下降，影响干燥效果；过低，如在适宜于细菌等微生物迅速生长的温度中停留数小时，易引起果脯腐败变质或发酸、发臭。同时在干燥过程中要经常翻动，一般每隔 2～3 小时翻动一次，使果脯干燥均匀。烘至果脯表面微有糖霜出现，内外干透，用力挤压不变形，即可停止干燥。果脯含水量控制在 30%～35%，见图 3-52、图 3-53。

包装 可采用独立小包装进行单果密封包装，也可采用塑料罐进行铝箔热合密封包装，见图 3-54。

图 3-52 李果脯烘干中
（重庆市农业科学院 摄）

图 3-53 李果脯烘干完成
（重庆市农业科学院 摄）

图 3-54 李果脯包装后
（重庆市农业科学院 摄）

（4）产品质量要求

感官指标 具有该品种经糖渍、烘干后所应有的天然色泽；具有该品种应有的滋味，甜酸适度，干硬适度；表面无糖霜析出，无霉变，不流糖，不返砂；无肉眼可见外来杂质。

理化指标 水分 ≤ 35 克 /100 克；总糖（以葡萄糖计）≤ 40 克 /100 克；二硫化物残留量 ≤ 0.35 克 / 千克。

微生物限量 菌落总数 ≤ 1 000 菌落形成单位 / 克；大肠菌群 ≤ 30 最大或然数 /100 克；霉菌 ≤ 50 菌落形成单位 / 克；致病菌（沙门氏菌、志贺氏菌、金黄色葡萄球菌）不得检出。

5. 精油

精油并不是油，而是由玫瑰、佛手柑、柠檬、花椒等香气浓郁的农产品通过蒸馏法、溶剂浸提法、压榨法等加工得到的醇、酯、醛、酮等十分复杂的活性成分组成的液体。玫瑰、茉莉、柠檬、甜橙等花果类精油不仅可以添加到化妆品中，起到美容养颜的效果，还能用于高级香水的调配，使用时可以提振心情、点亮生活；肉桂、花椒等精油有较强的抗氧化、抑菌作用，可用于农产品的防腐保鲜。玫瑰、茉莉等花类农产品常使用蒸馏法提取精油，甜橙、柠檬、柚子等柑橘类水果则一般是通过压榨法提取柑橘皮中的精油。溶剂浸提法虽提取率高，但因其使用化学有机溶剂进行提取，会有溶剂残留，所以在食品加工生产中较少使用。下面主要介绍蒸馏法提取精油的生产工艺。

（1）主要加工设施设备

蒸馏设备：蒸馏机。

分离设备：油水分离器或分液漏斗。

灌装封口设备：定量液体灌装机。

（2）工艺流程

原料→蒸馏→冷凝→油水分离→产品

（3）操作要点

原料　花类原料选择在阴天或晴天的清晨时采收，采收已经绽放的鲜花作为原料，原料可装入竹筐或塑料筐内，但不可堆叠过高，挤压到下层鲜花；也可选择干花作为原料。柑橘类原料应取果皮，剥皮过程中应注意保持油胞的完整性，减少香味物质流失。其他原料如花椒、肉桂、生姜等，则应根据自身特性，去除秆、叶、泥土等杂质，再进行后续加工，见图3-55、图3-56。

图 3-55　不同品种玫瑰
（重庆市农业科学院　摄）

图 3-56　柑橘皮渣
（重庆市农业科学院　摄）

蒸馏 将原料与水按照 1 : 4 的比例加入蒸馏机内，然后开始加热蒸馏。水通过加热沸腾蒸发形成水蒸气，原料中的挥发性芳香物质随水蒸气上升，形成水蒸气、芳香物质混合馏出物。不同种类、不同重量的原料所需的蒸馏时间各不相同，但一般在 3 ～ 7 小时之间。

冷凝 将冷凝管的进水管接至水龙头、出水管接至下水口，开启水龙头，控制水流大小，使冷凝管保持较低温度。高温的水蒸气、芳香物质混合馏出物经过低温冷凝管时，馏出物快速降温冷凝，形成精油和冷凝水混合物。

油水分离 在蒸馏完成后，将油水混合物稍稍静置，密度较轻的精油浮在上层，冷凝水则在下层。可通过油水分离器或分液漏斗将二者分开。

产品 通过油水分离后得到精油和含有一定芳香物质的馏出水，其中精油可直接作为产品，馏出水除了可以复蒸提取更多的精油外，还可以直接作为纯露（花水）产品进行灌装销售。100 克以上的精油应装于清洁、干燥、无杂味的铝罐内；100 克以下的精油则可使用精油瓶进行盛装。纯露使用塑料瓶灌装。

（4）产品质量要求

感官指标 具有该产品应有的色泽与香气，花类精油无青草、泥土类杂味，柑橘类精油气味应清新、活泼。玫瑰精油在 21℃ 以下会产生羽状结晶。

理化性质 生姜（GB/T 39014）、苦水玫瑰（GB/T 22443）等有相应国家标准的精油，应根据对应的国家标准进行检测，其代表性和特征性组分含量应符合相应国家标准要求。

四、农业景观设计技术

农耕文化是生态文明的重要组成部分，也是宜居宜业和美乡村建设的灵魂所在。重庆集大城市、大农村、大山区、大库区于一体，文化丰富多彩，但生态环境敏感脆弱。在乡村振兴背景下，重庆乡村景观设计要注重提高农业景观生态服务功能，既要立足于传承乡土文化、改善村民居住条件和生活水平，又要兼顾人与环境的可持续发展，实现乡村建设与农村产业有机结合、协调推进。

（一）农耕文化景观构建技术

民风民俗、传统村落、民歌谚语、农耕工具、传统手工艺等是我国农耕文化最重要的组成部分，也是农耕文化保护和传承的重要内容，更是农耕文化传承保护和利用的重点和难点所在。重庆幅员辽阔，多山丘、多水系，地形复杂，气候多变，其农耕文化是适应各类地形地貌和多样性气候条件、协调人与自然关系的智慧结晶，十分具有地域特色。合理利用好农耕工具、乡土材料、非物质文化等乡村景观元素，对促进巴渝传统农耕文明的可持续发展具有重要的意义。

1. 农耕工具景观再利用技术

农耕工具的发展记录了农业历史的变迁和科技的进步，随着城市化进程的快速推进，古老的农耕工具多已日渐消失。现代乡村景观设计积极探索农耕工具多元化的利用方式，在传统园林设计中继承与创新，以解构重组、抽象创新、价值转换等手法对农耕工具进行再利用，发扬和传承巴渝农耕文明。

（1）**解构重组** 解构主义景观是在"解构主义"理论思想影响下的景观领域实践，它注重用"分解"和"重组"的方式重塑景观空间，从而强化不同的空间意向，具有强烈的视觉冲击力和"场所精神"。以解构主义景观的设计方法探索农耕工具再利用设计，通过打散、拼接、叠加、组合等方式重组农耕工具，使重组后的农耕工具产生一种冲突、破碎、残缺的审美情趣。经过解构重组的农耕作品被赋予新的功能，具有强烈的视觉冲击力和灵动性，能够给欣赏者带来一种全新的视觉体验（图3-57）。解构主义景观运用动态的空间语言为缺乏个性和特色的现代景观提供了一种全新的设计思路。

（2）**抽象创新** 所谓抽象，就是指从自然、生活、感觉体验、意识观念等各种事物中抽取出来的、反映其特点和性质的、象征性的特征，并将其进行分析、推理、分离、选择与简括。在抽象艺术中，抽象大多以几何形态和色彩为其视觉语言构成因素，重点以表现具象难以表达的情感和意识、观念等内容为主。借鉴符号学相关理论基础，从农耕工具中抽取最有代表性的符号、片段、元素等进行再创造，构建基于抽象符号语言下的巴渝农耕景观作品，探索农耕文化的抽象设计表现方法，以创

图3-57 第二届重庆乡村艺术集作品
（重庆市农业科学院 摄）

造出更多具有时代特征和乡土性的农耕文化景观空间（图 3-58）。

图 3-58　第二届重庆乡村艺术集作品（重庆市农业科学院　摄）

（3）**价值转换**　"某个产品功能的消亡，并不代表其生命周期的结束，也可能是其功能发生了转移。"乡村景观设计中的价值转换是通过搜集整理废弃农耕工具，以景观小品的形式进行分类整理、总结归纳，根据不同的景观需求赋予新价值和新功能。装饰功能：设计师将石磨盘、陶罐等置于景墙中，既能打破石墙的沉闷，又富有很强的律动感（图 3-59）。空间营造：设计师在文化长廊或特定空间内展示与农业生产相关的传统农具、生活用品，还原从"开垦－耕作－施肥－播种－浇灌－锄地－打虫－收割－碾打－颗粒归仓"的传统劳作过程，既起到了科普作用，又能营造空间氛围。因此，农耕工具及其价值转移可以为设计师提供多元的景观元素与广阔的想象空间。

图 3-59　材料的价值转换（重庆市农业科学院　摄）

2. 乡土材料景观营造技术

材料是景观建设的物质基础，材料的选择决定着景观的风格和特色。在乡村景观设计中，竹、木、砖、瓦、石、夯土等乡土材料成本较低且源于乡村民俗生活，在地域文化的表达上既具有功能特征又具有精神内涵，是乡村景观营造常用的设计材料（图 3-60）。

图 3-60　乡土材料在景观中的表达（重庆广阳岛绿色发展有限责任公司提供）

（1）竹木景观营造技术　在乡村环境中木材取材方便、使用灵活、容易加工且质感质朴天然，它既可作为结构材料，亦可作为装饰材料。常用的木材有原生木材、加工木材，其中，防腐木是加工木材中应用最多的木材。木材的应用形式和应用场景比较广泛，可作为景观构筑物、铺装、设施小品等。在乡村景观中景观构筑物多用于公共空间节点（图 3-61），如休息亭廊、花

图 3-61　喜观昆虫王国竹大门（重庆市农业科学院　摄）

架、木屋、景墙等地方。木材铺装生态环保、亲切自然，不仅为游人提供方便，还有造景的作用，多应用于木栈道、水边栈道、疏林草地、观景平台及楼梯台阶等地方。木材还可制成各种景观设施小品，如座椅、栅栏、垃圾桶、标识牌等。

竹材质量轻、韧性好、生长速度快，可以作为木材的代替品。竹材大可做成竹屋、廊亭，小可做成家具、装饰品，是一种极具地域特色的乡土材料。

（2）夯土　夯土是中国古代建筑的一种材料，结实、密度大且缝隙较少，可压制混合泥块，用作房屋建筑。夯土材料常用的施工工艺有两种，一种是生土建造法，以纯生土和夯筑技术为代表；另一种是生土改良建造法，即在生土中添加石灰和水泥混凝土。夯土在乡村景观中常常用在乡村景观道路、景墙、树池、构筑物等地方（图3-62）。

图3-62　夯土在乡土景观中的运用（重庆市农业科学院　摄）

（3）石材　石材抗压强度大、坚固耐用、韵味古拙，在传统乡村中常常用于房屋基础、桥梁、道路等地方。不同属性、类型的石材，应用方式不同，所表达出的感受也不相同。乡村常用的石材有毛石、块石、片式石、料石、条石、鹅卵石等，在乡村景观中石材多应用于地面铺装，可与草坪、地被等柔性植物搭配，营造出丰富的景观效果，石材也可应用于景墙、景观建筑、景观小品中。除了以上用途外，石材还可借鉴传统园林的造园手法，用于制作假山石景，如自然石景、孤赏石景、散点石景、群置石景等，景观营造方式丰富多样（图3-63）。

图3-63　石材在景观中的运用（重庆市农业科学院　摄）

（4）砖、瓦材料　砖和瓦都是由生土烧制而成的人工材料，在传统建筑中被沿用数千年的砖，在乡土景观中也是常用的装饰材料。砖瓦在乡土景观设计中可以单独使用，也可以与其他材料组合应用，如瓦砂组合、瓦石组合等。砖瓦最主要的应用是建造景观建筑，还可以做景墙、景窗、铺装等。不同的砖砌组合方法也会营造出不同的景观效果（图3-64、图3-65）。

图3-64　瓦在乡村景观中的运用
（重庆市农业科学院　摄）

图3-65　砖、瓦、石组合在乡村景观中
的运用（重庆市农业科学院　摄）

3. 非物质文化景观活化技术

根据联合国教科文组织（UNESCO）2003年10月17日通过的《保护非物质文化遗产公约》，将非物质文化遗产（简称"非遗"）定义为：指被各群体、团体、有时为个人所视为其文化遗产的各种实践、表演、表现形式、知识体系和技能及其有关的工具、实物、工艺品和文化场所。其形式包括：传统口头文学，以及作为其载体的语言；传统美术、书法、音乐、舞蹈、戏剧、曲艺和杂技；传统技艺、医药和历法；传统礼仪、节庆等民俗；传统体育和游艺；其他非物质文化遗产。

现代乡村景观设计中，非物质文化遗产活化的景观表达方式包括"场景再造""隐喻表达""传承活化"等。

（1）场景再造 非物质文化的表达依赖于社会群体的感情记忆，具有一定的时空属性。如舞蹈、音乐、戏曲等非物质文化艺术都要依赖于时间与空间作为载体表达出来，因此"场景"营造就需要通过特定的空间或场所再现集体记忆、再造乡村场景来活化表达乡村非遗文化。在传统古村落的保护中保留、修复包括祠堂、民居、古戏台等在内的传统建筑便是景观活化非物质文化遗产的最典型的场景再造形式（图 3-66）。

图 3-66　文化空间场景再造——剧场（重庆市农业科学院　摄）

（2）隐喻表达 非物质文化遗产在发展的过程中会出现变异与创新。现代景观设计的隐喻表达通过挖掘、整理、分析非物质文化遗产所隐含的内在特征及其传承特点，运用现代语言重组、文化物化等方式来隐喻表达丰富的农耕文化内涵。非物质文化的多样性决定了非物质文化遗产景观活化表达的多样性，从而形成了不同形式的景观外在表达方式。以书法绘画为例，文字绘画等可直接出现在乡村景观中，通过与现代材料结合，加入声、光等现代科技，使历史典故展示活灵活现，进而融入生动的景观文化语言。此外，为丰富景观语言，可以在乡村景观中融入神话故事等内容，将其具象表达为景墙、小品、雕塑等，经过艺术处理后隐喻表达其丰富的农耕文化特征（图3-67）。

图 3-67　景观的隐喻表达（重庆市农业科学院　摄）

（3）**传承活化**　随着城镇化和农业产业化进程的不断推进，梯田等古老的农业文化遗产生产系统因劳动力缺乏、生产效率低下等问题而逐渐消失。如何解决农业文化遗产景观生态保护与提高种植效率之间的矛盾逐渐成为农业文化遗产生产系统保护与发展的核心问题。农业文化遗产传承与活化的总体思路是综合运用景观生态学原理，将传统绿色低碳农耕技术与现代科技结合，从良种良法、加工增值及生态工程等方面提升产业综合效益，促进农业文化遗产景观的永续利用与可持续发展（图3-68）。

图 3-68　重庆广阳岛高峰梯田（广阳岛绿色发展有限责任公司　供图）

（二）生态农田景观构建技术

随着国家对一二三产业融合和生态环境保护的重视，生态农田景观建设作为一种绿色、健康、环保、可持续的生态农田，越来越受到重视。生态景观农田兼顾生产、生态、生活功能，运用生态学、景观学、视觉美学等原理和方法恢复农田生态功能、提升农田视觉美感、融入景观休闲元素，强调农业景观生态性和农业生产稳定性，对服务地方休闲农业发展和宜居宜业和美乡村建设有极大的促进作用。

1. 生态景观道路营造技术

田间生产道路是重要的农田基础设施之一，在生态农田道路的建设中除满足农业机械出入、农业物资运入、农田收获物运出等基本的农田生产作业功能外，还要考虑道路的生态性与景观性。目前田间生产道路主要有土质田间生产道路和水泥硬质化田间生产道路两种类型。针对土质生产道路下雨天路面泥泞、影响生产作业，硬化道路土壤封闭、破坏生态系统完整性等问题，以生产为主的田间生产道路，可考虑采用砂石路面、泥结石路面、车辙碎石路面、固化混凝土路面，此类路面强度高，透水性好，经济美观；以观光为主的田间休闲步道，可考虑采用彩色透水沥青路面土、卵石（碎石）三合土、散铺石屑、散铺砾石路面、自然石块、石板汀步、木板、原木栈道、嵌草砖等混合型生态路面，此类路面以休闲观光为主，在提高生态服务功能的同时可采取多种材料、多种图案相结合的方式进行设计（图 3-69）。

图 3-69　生态景观道路（重庆市农业科学院　摄）

2. 农田防护景观构建技术

农田防护林、植物篱防护、农田护坡、植被护岸、农田生物拦截带等共同构成了农田防护系统，农田防护系统不仅可以护田防灾，保证农作物的丰产和稳收，还能改善特定区域的农田小气候，提高美丽乡村颜值。农田防护景观林植物要选择符合当地功能需求的乡土树种，以高大乔木为主，落叶、常绿相结合，在空间设计上要强调序列感，形成"一线一风景"的景观走廊。农田植物篱多应用于观光农业园周边，植物要选择适应性好、生长速度快、有防护功能的乡土植物，比如枳壳、蔷薇、三角梅等。农田护坡景观技术是对道路坡比小于1∶1.5的边坡采用植被覆盖，坡度较缓的边坡可种植三叶草、野豌豆等多年生绿肥植物，坡度较陡的边坡局部可采用工程措施。在农田中间或末端修建农田生物拦截带或人工湿地缓冲带解决农业面源污染问题，拦截带植物可选择高羊茅、紫花苜蓿、冰草、佛甲草等植物，人工湿地植物可选择美人蕉、菖蒲、莲藕等水生植物。

3. 地力提升景观营造技术

良种良法是提升土壤肥力、建设生态景观良田的重要手段，合理科学的耕作制度能够提高土地利用效率、丰富农田视觉效果，营造乡村景观氛围。综合地力提升景观营造技术包括间作套种、果园生草、等高种植、条带种植等。

间作套种：指在同一土地上按照一定的行、株距和占地的宽窄比例种植不同种类的农作物。间作套种是运用群落的空间结构原理，可有效预防害虫，提升土壤肥力。

果园生草：人工全园种草或果树行间带状种草，主要种植优良多年生牧草，如白三叶、光叶苕子等。果园生草技术既能控制不良杂草对果树和果园土壤的有害影响，又能美化农田景观，是果园土壤管理的一种高效方法。

等高种植：利用坡地的高度差异，进行等高条带种植营造景观。品种可选择波斯菊、百日草、金鸡菊等花卉或豆类、芝麻等农作物。

4. 绿色防控景观营造技术

绿色防控景观营造技术是通过规划农田作物布局或改变大田周围非生物生境的植被组成，优化农业生态系统中害虫与天敌的相互关系，提高天敌对害虫的控制效能。对害虫综合治理和生物多样性保护来说，绿色防控景观营造是一种大尺度的农田景观结构重构。其手段包括建立生物廊道、种植蜜源植物、趋避植物、诱集植物等。

（三）人居环境景观构建技术

1. 美丽庭院微更新技术

美丽庭院微更、微改造模式能够激发村民参与乡村建设的积极性，满足村民对美好生活的需求，提升村民的获得感和满意度。结合人居环境整治、庭院经济模式打造巴蜀美丽庭院，鼓励农民利用自己的住宅院落及其周围闲散用地种植观赏兼食用农作物，建设微花园、微菜园、微果园，形成产村相融、瓜果飘香的宜居宜业和美乡村新风貌。微花园建设宜选择容易种植、管理粗放型的乡土花卉，如蔷薇、月季、三角梅、凤仙花、山茶等；微果园建设宜选择易管护、寓意好、效益好的果树品种，如柑橘、石榴、枣、樱桃、桃、梨等；微菜园建设，村民可结合生活需求种植时令蔬菜，也可结合乡村旅游种植观赏蔬菜（图3-70）。

2. 建筑微改造技术

结合重庆不同区域的地形地貌、资源禀赋及文化资源等特点，按照"结构安全、功能现代、风貌乡土、成本经济、绿色环保"的要求，采取"一户一案"的方式，规划建设具有地域特色、时代特征的巴渝乡村建筑。在建筑设计上注重修缮建筑外观、完善建筑功能，改善厨房、厕所配套；在材料选择上鼓励就地取材、利用乡土材料；注重生态性与经济性，推广使用绿色材料和装配式建筑（图3-71）。

图 3-70 巫山建坪乡美丽庭院改造
（重庆市农业科学院　绘）

图 3-71 巫山建坪乡民居改造
（重庆市农业科学院　绘）

五、创意产品开发

乡村创意产品是将传统种植技术、耕作模式、美食工艺、民俗文化等内容相互融合，实质上是传统文化更新与再生产的过程。根据产业类型及现代社会消费需求，把乡村创意产品归纳为"农事体验、乡村工坊、现代科技、民俗节庆、艺术乡村、巴渝民宿"六大产品体系。

（一）农事体验

农事体验是一种深度参与乡村生产、生活的体验活动，体验者亲自动手，参与某种或多种农产品种植、养殖工艺等环节，目的是通过生产劳动改变自己的心性、锻炼身体、学习农业科学知识。

1. 共享农场

共享农场是将农庄的菜地、果园或其他农地划分为若干小块，以共享的方式，将其经营权租赁给消费者，用于农业生产或农事体验。共享农场可以让市民参与到农业生产的选种、育秧、耕地、播种、施肥、除草、灌溉、收割、脱粒、烘干等从种植到收获的全过程。

重庆璧山广普镇登云坪生态园的"同享果园"是重庆首家共享果园，园内有橙、桃、枇杷树可供市民认养，"共享果园"内的果树不打农药、不催熟。市民只需缴纳一定的保证金和一年的果树管理费，即可认领一棵有机果树，认领的果树所结的所有果实均归该市民所有。

2. 休闲采摘

休闲采摘是利用休闲农业园、乡村产业园等种植的农作物，以采摘的经营方式吸引有需求的市民前来采摘并购买。休闲采摘包括露地采摘、设施采摘等形式。色彩艳、体量小、口感好、营养丰是休闲采摘品种的选择标准，番茄、樱桃、梨、柑橘、苹果、葡萄等品种是采摘园优选的种植品种。

3. 认养寄养

认养是农产品的需求者到农业园或者农业基地内挑选一块田或某一产品进行种植管理，认养人可以亲自参加劳动，也可以委托产品的供养者按照自己的要求进行生产管理，到了收获的季节，这块地或这棵树上的所有农产品归认养人所有。

寄养是农场提供畜牧种苗供人领养，领养后寄养在农场，领养人可实时查看喂养情况，到达屠宰期，农场还可以帮助宰杀，猪、鸡、羊、兔等小型畜种都可成为寄养的对象。

在当今的大数据时代，认养与寄养都可通过互联网进行，客户可以通过App认养或寄养，可以通过摄像头监控生长过程，也可以亲自参加某些劳动或环节，体验劳动快乐。

（二）乡村工坊

"乡村工坊"起源于日本乡村博物馆，引自我国台湾精致农业发展中的观光体验工厂，实质是以乡土文化为基础，结合传统农产品加工制作工艺进行建筑创作，联合集体经济或合作社运营，进而产生经济和社会效益。乡村工坊兼具乡村建筑创意设计、传统工艺的创意开发及乡村文化空间的共享三个特点，侧重融入体验、生产、社交娱乐等功能，强调乡村生活、生产文化的记录、传承与活态演绎。因此，在乡村振兴战略背景下乡村工坊赋予乡村产业更高的文化与经济价值，并逐渐成为乡村经济发展与社会复兴的突破点。

1. 美食工坊

美食工坊以乡村一产生态种植为基础，将传统美食制作加工融入乡村生产、生活中，再现传统农耕种植文化、饮食文化、乡村历史等乡风民俗。美食工坊主要包括磨坊、油坊、豆腐坊、酒坊、面坊等。

2. 手工艺工坊

手工艺工坊以独特的乡村文化资源优势为基础，将民间手工艺制作与休闲、观光、体验、教育等延伸业态相结合，是非遗保护、助力乡村振兴的有效载体。可依托綦江农民版画、大足石雕、铜梁草编龙、荣昌安陶、梁平竹帘、秀山花灯等非遗和民间技艺发展旅游体验，打造乡村画坊、陶坊、原木坊、绣坊、竹编坊等具有重庆辨识度的乡村工坊。

酉阳花田乡何家岩村苗绣非遗工坊是将"酉州苗绣"传承与脱贫攻坚和乡村振兴结合的典型模式。绣坊针对留守妇女、残疾人群等开展刺绣培训，开发挂画绣品、手摇扇绣品等系列文创产品，同时也是苗绣产品制作、展示、销售及游客体验的场所（图3-72）。

图 3-72 酉阳花田苗绣刺绣工坊（重庆市农业科学院 摄）

（三）现代科技

设施观光农业是以园林设计理念为指导，在智能温室内使用新的农业设施形式，配套新生产技术，进行农业生产的一种形式。它通常将农业生产、生态、休闲、教育、示范等功能相结合，是为满足社会进步需求和物质文明发展而形成的一种高品位、多技术、多功能的休闲旅游农业模式。

重庆数谷农场位于梁平区金带街道双桂村，占地面积约 400 亩，是集现代农业生产、现代农业科技示范应用及培训、农业科普教育与农业观光旅游等功能于一体的科技观光型示范园区。现已建成高端智能温室 3.5 万米^2，包括"一馆、一厅、四场、两园、一中心"，即：中国农业科学院·云腾田园馆、乡村振兴展厅、荷兰·番茄工场、以色列·花卉工场、重庆农科院·瓜果工场、西南大学·草莓工场、有机稻蟹生态示范园与自然校园、智联总控中心。其建设模式为现代农业产科教融合提供了一种可复制、可推广的新思路（图 3-73）。

图 3-73 梁平数谷农场（重庆市农业科学院 摄）

（四）民俗节庆

1. 乡村节庆

乡村节庆是围绕农耕农事、民俗文化、传统节日等乡村资源而开展的一系列节日庆典活动，乡村节庆活动可以增强游客的体验感，既能树立乡村旅游的品牌形象，又能促进游客深度理解当地文化。很多乡村节庆都是围绕农产品的耕、种、收等农事活动开展的，如丰收节、插秧节、柠檬节、赶秋节、踏青节、赏花节、红叶节等；也有些乡村节庆是围绕民俗习惯开展的，如铜梁龙灯艺术节、大足石刻艺术节、大足宝顶香会节、丰都鬼庙会、土家族赶年节等。

2. 仪式展演

乡村仪式展演深入挖掘乡村习俗活动、神话传说、历史故事等内涵，传承创新并通过对外展演的形式进行文化传播，是现代乡村旅游中的一种表现形式。重庆市依托巴渝文化、三峡文化、大巴山文化、武陵山苗家土家文化、盐丹文化等特色乡土民俗文化，传承创新开展了一批具有巴渝传统文化特色的仪式展演活动。如舞龙舞狮、摆手舞、彩船舞、钱棍舞、踩花山民歌山歌等非遗传统文化表演，如《归来三峡》《烽烟三国》《印象武隆》等实景演出（图 3-74）。

图 3-74　璧山七塘镇春节民俗表演（重庆市农业科学院　摄）

（五）艺术乡村

邀请各地艺术家走进乡村，与当地村民共同创作艺术作品已逐渐成为乡村文化振兴的一种新模式。艺术介入乡村模式在日本艺术家北川富朗所打造的越后妻有大地艺术祭的实践中已得到了很好的印证。因此，将现代艺术创作植根大地，以艺术的方式介入乡村可持续发展，推动艺术修复乡村文化、艺术促进乡村复兴，将会是新时期乡村振兴与三产融合的重要破题路径（图3-75）。

武隆懒坝"首届国际大地艺术节"以"把艺术还给人民"为主题，分为《我从山中来》《大地的声音》《村落共生计划》三个版块。有39个（组）艺术家，41个作品参展。艺术节以武隆的特色风貌为基底，融入本地的文化特色，特别强调艺术要与乡村关联、作品要与大众互动，用当地的材料为素材创作出了艺术价值高且通俗易懂的乡村艺术作品，用艺术的手段激活乡村。

图3-75　第二届重庆乡村艺术集作品
（重庆市农业科学院　摄）

（六）巴渝民宿

1. 乡村民宿

乡村民宿最初是农民、原住民将自家院落改造升级成的"农家乐"。随着乡村旅游的发展，民宿业涌入了一大批社会资本，许多资金充裕的自由职业者和小资文艺青年等群体利用乡村闲置房屋、宅基地等资源，结合当地人文、自然景观、生态环境资源及农林牧渔生产活动，为外出郊游或远行的旅客提供个性化住宿场所，如今重庆乡村民宿呈现出多元化、精品化的发展趋势。如南山民宿群，因其多元化的主题、良好的生态、完备的基础设施，以及完善的休闲服务吸引着全国众多游客前来体验。

2. 乡村书院

书院是中国古代一种独特的教育形式，无论是私塾还是官学，书院不仅是传道授业解惑的场所，亦是文人雅士、著名学者进行学术交流、探讨学问的场所。在乡村振兴背景下，乡村书院承担着文化记忆、文化展示与传播、集会交流、信息共享、劳动体验等功能，是乡村教育传承、文化创新、情感维系、文化繁荣的重要组成部分。如重庆巫溪红池坝茶山村的渝富茶山书院，书院内展示了在脱贫攻坚过程中重要的实物、照片、视频等内容，同时也是该村集学习、宣传、交流、教育于一体的平台（图3-76）。

图3-76　渝富茶山书院（重庆市农业科学院　摄）

第四章　农村一二三产业融合发展路径研究

本章立足农村一产、二产、三产每一个产业链环节向其他产业链环节融合发展的视角，提出了基于一产联动的"1+"型、基于二产驱动的"2+"型、基于三产拉动的"3+"型等三种融合发展路径，并就融合发展路径的发生条件、融合过程、融合结果等进行了研究分析，以期理清三产融合过程机制，为三产融合发展管理者、处于产业链不同环节上的实践主体等提供融合路径参考，促进乡村产业发展不断拓展融合深度、提升融合价值。

一、基于一产联动的"1+"型融合路径

基于一产联动的"1+"型融合路径是以一产为起点，接二连三，拉长产业链，提升价值链。以一产为起点顺向延伸，一般有"1+2""1+3""1+2+3"三种具体融合路径（图4-1），主要为从事一产的经营主体、传统农业区域的政府主体提供融合路径参考。

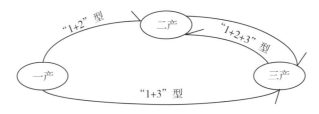

图4-1　"1+"型多维融合路径（重庆市农业科学院　绘制）

（一）"1+2"型融合路径

"1+2"型融合路径（图4-2）即基于农业原材料的规模化生产供给发展

农产品加工业。该路径的起点即是建设了大规模的粮油、果蔬、调味品、中药材、畜禽养殖、水产养殖等原材料生产基地，同时农产品原材料具有可加工属性。

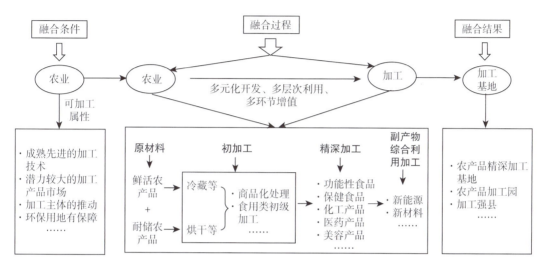

图 4-2 "1+2" 型融合模型（重庆市农业科学院 绘制）

1. 融合条件

在发展原材料生产基地的基础上，"1+2" 型融合路径的延伸还需要具备相关条件，包括具有成熟先进的加工技术、潜力较大的加工产品市场、加工主体的推动、环保用地有保障等。潜力较大的加工产品市场是发展农产品加工进而实现加工增值目标的关键，成熟先进的加工技术则是确保农产品加工效率和品质的核心所在，在采取 "1+2" 型融合路径时要首先进行加工农产品市场潜力的预测评估和技术可行性分析。同时，要积极引进培育加工主体，尤其是加工龙头企业的引进培育，要确保选址、工艺等符合环保要求，用地符合土地利用规划。

2. 融合过程

"1+2" 型融合路径核心是依托加工技术将农产品原材料转化为多元加工产品，实现农产品多层次利用、多环节增值的过程。根据农产品类型、加工主体实力、产品市场需求等可分别采取农产品初加工、精深加工、加工副产物综合利用加工等不同深度融合方式。农产品初加工普遍适用于各类种养殖经营主体，对于从事果蔬、奶类、畜禽及水产品等鲜活农产品生产的可以进行冷藏和清洗、分级、分割、包装等商品化处理，对于进行粮食、茶叶、中药材等耐储农产品生产的可以进行烘干等初加工处理，对于有一定实力的种养殖经营主体或专门从事农产品初加工的主体，可以采取发酵、压榨、灌制、炸制、干制、腌制、熟制等初加工技术进行粮食酒、果酒、菜籽油、腊肉、果汁、泡菜等食用类初级农产品生产，初加工产品可直接进入消费市场，也可进一步作为精深加工原料。农产品精深加工是在初加工基础上，将其营养成分、功能成分、活性物质和副产物等进行再次加工，农产品精深加工企业可以结合当前养生养心养老、多样化便捷化消费等市场需求重点进行功能性食品，以及保健、化工、医药、美容等精深加工产品的开发生产。加工副产物综合利用加工是对农产品原材料的深度循环利用，鼓励大型农业企业和农产品加工园区重点进行稻壳米糠、麦麸、油料饼粕、果蔬皮渣、畜禽皮毛骨血、水产品皮骨内脏等副产物综合利用，开发新能源、新材料等新产品。

3. 融合结果

通过统筹发展农产品初加工、精深加工和综合利用加工，实现农产品多元化开发、多层次利用、多环节增值，培育一批大型农产品加工龙头企业，建成一批农产品精深加工基地、农产品加工园和加工强县。

（二）"1+3"型融合路径

"1+3"型融合路径（图4-3）即基于农业的观光、采摘、食用、休闲等属性功能发展乡村休闲旅游业。该路径的起点即是基于粮油、果蔬、调味品、中药材、花卉苗木、水产养殖等农业生产基地的建设发展。

1. 融合条件

在建有农业生产基地的基础上，进行农旅融合发展需要具备多种条件。首先要具备融合的可能性条件，即基地是否具有观光、采摘、休闲等娱乐属性，也就是是否具备游客吸引力，这是开展农旅融合的基础前提，尤其在当前乡村休闲旅游业呈"井喷式"增长、同质化问题明显的情况下，是否具有独特的吸引力极为关键。其次农旅融合发展投资大、周期长，具备良好的区位条件、政府企业等融合主体的推动、充实的资金、良好的技术支撑、建设用地保障等也是促进融合的要件。

2. 融合过程

"1+3"型融合路径核心是因地制宜推动农业生产、生活、生态、美学、教育等多种功能的开发，实现农旅资源融合、产品融合、市场融合的过程。

在融合中，重点是根据吃、住、行、游、购、娱六大旅游要素，进行农田景观营造、体验项目设计、产业文化挖掘、关联文化融入、休闲设施配套等，将传统的农业基地、农产品、农活、乡土文化等转变为农业景区、旅游产品、农事和文化体验项目，从而促进农业（文化）资源向旅游资源、农产品向旅游产品、农业市场向旅游市场的拓展延伸。

3. 融合结果

通过农旅融合发展培育出休闲农业、观光农业、体验农业、科普农业、创意农业等新业态，推出观光基地、采摘基地、科普教育基地、休闲山庄 / 农庄、休闲农业园区等农旅融合产品，促进农旅融合地的产业增效、农民增收、生态保护及文化传承。

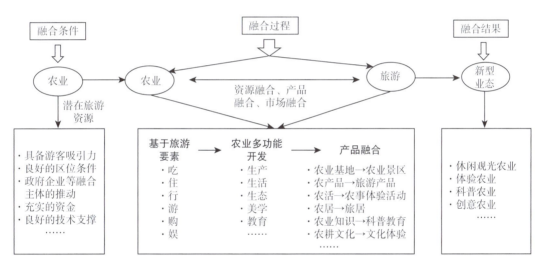

图 4-3 "1+3" 型融合模型（重庆市农业科学院　绘制）

（三）"1+2+3" 型融合路径

"1+2+3" 型融合路径（图 4-4）即进行农业全产业链开发。该路径的起点可以是基于一产向二产三产延伸，也可以是在 "1+2" 或 "1+3" 的基础上分别向三产、二产延伸实现全产业链开发。

1. 融合条件

实现一产向二产、三产全产业链开发，需要同时具备 "1+2" 型和 "1+3" 型融合路径发展条件，包括具有成熟先进的加工技术、潜力较大的加工产品市场、加工主体的推动、环保用地有保障等农产品加工发展条件，具有游客吸引力、良好的区位、政府企业等融合主体的推动、充实的资金、良好的技术支撑、建设用地保障等农旅融合条件。

2. 融合过程

"1+2+3"型融合路径核心是既要挖掘农产品加工增值效益，又要开发农业生产、生活、生态、美学、教育等多功能价值。在融合发展中，由于农业产业存在功能差异，有的更适合加工、有的更适合观光采摘，那么在向二产、三产融合中就会有所侧重，可采取依托农业基地突出农旅融合、适度进行农产品初加工，依托农业基地进行农产品精深加工、适度延伸休闲观光功能，依托农业基地进行农产品精深加工、休闲观光功能深度开发等多种"1+2+3"型融合方式。具体选择"1+2+3"型哪种融合方式，主要根据项目的发展定位，如果侧重于乡村休闲旅游功能的开发，那么在农作物品种选择时就更多选择适宜观光、采摘的品种，辅以农产品商品化处理、食用类初级农产品生产等初加工；如果侧重于农产品精深加工，那么在农作物品种选择时就更多选择适宜加工的品种，辅以休闲观光功能。

3. 融合结果

通过一二三产业全产业链开发，促进"种养-加工-休闲"一体化发展，培育出"一村一品"示范村镇、农业产业强镇、现代农业产业园、田园综合体、农村产业融合发展示范园、优势特色产业集群等一二三产业融合发展示范载体。

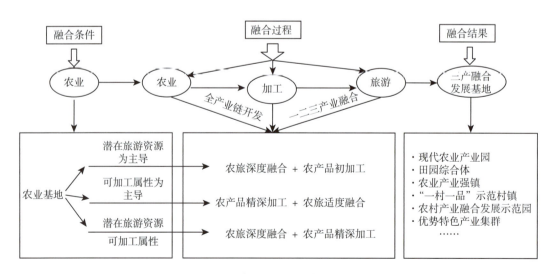

图4-4 "1+2+3"型融合模型（重庆市农业科学院 绘制）

二、基于二产驱动的"2+"型融合路径

基于二产驱动的"2+"型融合路径是以二产为起点，向前驱动一产、向后驱动三产融合发展。以二产为起点向前向后驱动延伸，一般有"2+1""2+3""2+1+3"三种具体融合路径（图4-5），主要为从事二产的经营主体、加工园区政府主体提供融合路径参考。

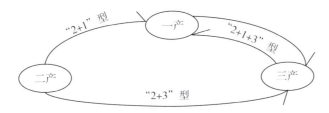

图4-5 "2+"型多维融合路径（重庆市农业科学院 绘制）

（一）"2+1"型融合路径

"2+1"型融合路径（图4-6）即基于农产品加工业的壮大逆向驱动一产规模扩大、提质增效发展。该路径的起点是农产品加工业的稳定发展壮大。

1. 融合条件

农产品加工业要驱动一产规模扩大、提质增效，必须自身发展实力较强，有成熟先进的加工技术、有较大的加工规模体量、有知名的加工产品品牌、有完善的加工产品销售渠道、能获得较高的加工增值效益，这样才能产生持续的农产品原材料消纳需求及提供充足的经济实力反哺一产提质壮大。

2. 融合过程

"2+1"型融合路径的融合发展实质是农产品加工业对加工原料数量和质量的发展需求不断驱动一产扩规模、提品质，一产提升反过来不断促进农产品加工业跨越升级的动态协同发展过程。在具体融合过程中，企业可以根据自身实力在农产品加工原料优势生产区域流转土地建立自己统一经营管理的标准化基地；也可采取订单农业方式，与农户签订定向收购协议，统一组织生产和收购，通过向农户提供良种、化肥、农药、地膜等生产资料，以及标准化生产技术指导，确保能从源头管控原料安全，实现加工原料"专用化""优质化"。

3. 融合结果

农产品加工业的发展不断驱动农产品加工原料基地规模的扩大和质量的提升，建成大批良种化、标准化、绿色化、机械化、智慧化的优质加工原材料生产基地，进而促进农产品加工企业的不断升级、农产品加工业规模效益的不断提升。

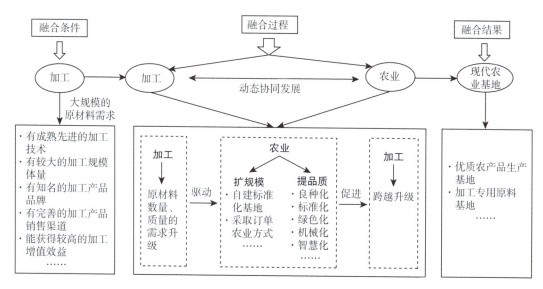

图 4-6 "2+1"型融合模型（重庆市农业科学院 绘制）

（二）"2+3"型融合路径

"2+3"型融合路径（图 4-7）是基于农产品加工产品品类（功能性食品、多元化主食产品）及其技术的创新突破驱动健康养生、中央厨房等新业态的发展。该路径的起点是农产品加工企业、加工业的稳定发展壮大及便捷养生消费观念的兴起。

1. 融合条件

农产品加工业驱动健康养生、中央厨房等新业态的发展，首先要具有成熟先进的功能性食品、多元化主食产品加工技术，这是驱动发展的核心基础，其次企业具有较强的市场竞争力、品牌影响力，充足的资金实力，完善的销售渠道等也是要件。

2. 融合过程

"2+3"型融合路径的实质是通过创新加工产品品类及其精深加工技术，

进行支撑健康养生、中央厨房等新业态发展的功能性食品、多元化主食产品等关键性产品加工，实现农产品加工驱动新业态发展的过程。当前养生养心养老、多样化便捷化消费等市场需求旺盛，农产品精深加工企业可以加强与健康旅游产业对接，基于粮油、果蔬、调味品、中药材等精深加工基础进行健康养生、减肥美容、延缓衰老、补充营养等食品功能拓展及新产品开发，促进健康旅游业发展；可以加强与销区对接，在产区和大中城市郊区布局中央厨房、主食加工、休闲食品、方便食品、净菜加工和餐饮外卖等，发展"中央厨房＋冷链配送＋物流终端""中央厨房＋快餐门店""健康数据＋营养配餐＋私人订制"等新型加工业态，满足城市多样化、便捷化需求。

3. 融合结果

通过围绕当前养生养心养老、多样化便捷化消费等市场需求，进行营养、安全、美味、健康、方便的传统米面、薯类、杂粮、预制菜肴等多元化主食产品加工，以及功能性食品开发，有利于培育主食加工产业集群，促进中央厨房产销新模式、健康旅游新业态的发展壮大。

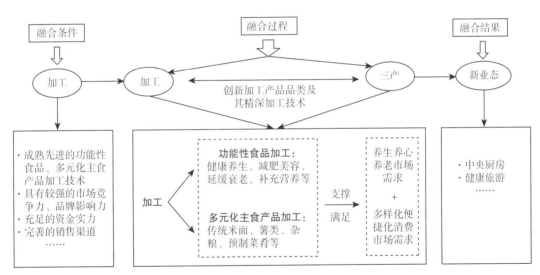

图 4-7 "2+3"型融合模型（重庆市农业科学院　绘制）

（三）"2+1+3"型融合路径

"2+1+3"型融合路径（图 4-8）即基于农产品加工业的发展逆向驱动一产、顺向驱动三产发展。该路径的起点是农产品加工企业、加工业的稳定发展壮大。

1. 融合条件

农产品加工业驱动一产、三产发展，需要同时具备"2+1"型和"2+3"型融合路径发展条件，即既具备驱动一产扩规模、提品质的加工原料消纳实力和经济实力，又具备支撑三产发展的核心加工技术及产品。

2. 融合过程

"2+1+3"型融合路径的实质是随着农产品加工业的发展壮大不断促进一产扩规模、提品质，驱动三产新业态、新模式发展的一二三产业融合过程。立足农产品加工企业实力，可以自身建立集"优质农产品生产基地－农产品加工基地（中央厨房）－全程冷链物流配送基地－多元化零售商贸／餐饮门店销售终端"于一体的完整产业链；也可以基于自身的加工实力，与农产品标准化生产企业、餐饮龙头、零售企业进行合作，将农产品原材料的生产供给，以及功能性食品、多元化主食产品的销售交给专业化的企业承担，联合进行产加销一体化发展；同时还可以依托自身建立的农产品生产基地，围绕功能性食品、多元化主食产品等开发健康养生项目，建立集"农业观光＋加工产品深度体验"的农业康养基地、中医药康养基地等。

3. 融合结果

"2+1+3"型融合路径的发展，会促进农产品原料生产基地不断扩规模、提品质，促进中央厨房产销新模式、健康旅游新业态不断发展壮大，建成大批优质农产品生产基地、加工专用原料基地、主食加工产业集群、功能性食品精深加工车间、农业康养基地、中医药康养基地等。

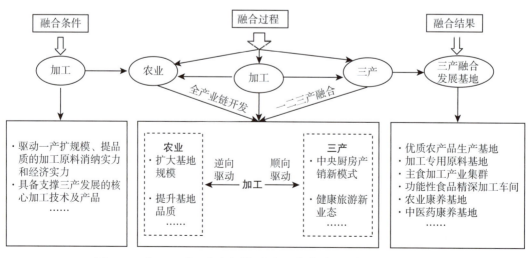

图 4-8 "2+1+3"型融合模型（重庆市农业科学院　绘制）

三、基于三产拉动的"3+"型融合路径

基于三产拉动的"3+"型融合路径是以三产为起点，拉动一产、二产融合发展，在此主要分析乡村休闲旅游业对一产、二产的拉动融合。以三产为起点逆向拉动延伸，一般有"3+1""3+2""3+1+2"三种具体融合路径（图4-9）。该路径主要为从事乡村休闲旅游的主体、乡村休闲旅游地政府主体提供融合路径参考。

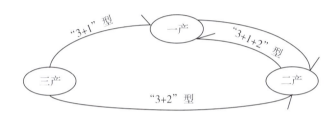

图4-9 "3+"型多维融合路径（重庆市农业科学院 绘制）

（一）"3+1"型融合路径

"3+1"型融合路径（图4-10）即基于乡村休闲旅游发展带动现代农业基地的建设发展。该路径的起点是乡村休闲旅游业的发展壮大。

1. 融合条件

乡村休闲旅游业拉动一产发展，一定是乡村休闲旅游项目和乡村休闲旅游区域自身具有较强的优势和实力，能够吸引大量游客形成较大的农产品消费市场。

2. 融合过程

"3+1"型融合路径的实质是乡村休闲旅游业发展带来了大量游客，对农业观光、农产品消费、农事体验等形成了一定的市场需求，从而带动当地现代农业基地规模不断扩大、产品品质不断提升、产品品类不断丰富的多维度提升发展过程。具体融合发展中，对于乡村休闲旅游经营个体，可以根据自身发展面临的产品不够丰富、品质不够优质、体验不够多样等问题，因地制宜采取调整品种结构、采取绿色生产模式、增加创意体验项目等方式进行农业基地的提档升级。对于乡村休闲旅游发展区域来讲，可以根据现有乡村休闲旅游产品结构，适时规划增加一些差异化、特色化的农业休闲观光基地；

也可以根据区域的旅游旺季、游客特征等市场情况，针对性规划建设一批原生态、有特色、精品化的农产品生产基地，为游客提供农产品伴手礼。

3. 融合结果

"3+1"型融合路径的发展，将逐步形成乡村休闲旅游不断带动现代农业基地建设发展，现代农业基地又不断丰富乡村休闲旅游体验活动和农产品伴手礼的良性互促格局，进而促进乡村休闲旅游区域农业支柱产业的培育壮大、乡村休闲旅游景区景点的提档升级，最终培育形成大景区、大基地。

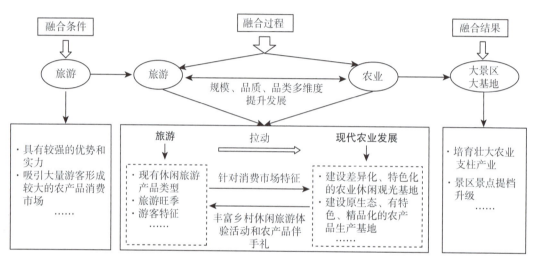

图 4-10 "3+1"型融合模型（重庆市农业科学院 绘制）

（二）"3+2"型融合路径

"3+2"型融合路径（图 4-11）即基于乡村休闲旅游发展带动农产品加工业的发展。该路径的起点是乡村休闲旅游业的发展壮大。

1. 融合条件

乡村休闲旅游业拉动二产发展，乡村休闲旅游项目和乡村休闲旅游区域需具备较强的优势和实力，能够吸引大量游客形成较大的加工农产品消费市场和加工观光体验旅游市场。

2. 融合过程

"3+2"型融合路径的实质是乡村休闲旅游业不断发展壮大带来的大规模消费市场拉动加工农产品销售、加工体验项目开发，进而促进农产品加工业扩规模、提品质、与旅游业不断融合发展的过程。具体融合发展中，对于乡村休闲旅游经营主体，可基于发展带来的游客消费市场，立足自身建设或周边发展的粮油、果蔬、调味品、茶叶、养殖等农产品基地，加工包装大米、泡菜、菜籽油等伴手礼，设置开发大米传统加工、茶叶加工、果蔬加工等加工体验项目。对于农产品加工企业，可结合自身加工优势，根据区域乡村休闲旅游发展特色及市场潜力针对性开发一些伴手礼，尤其要深入挖掘地域特色文化、产业文化、品牌文化，融入伴手礼的创意开发设计中，同时结合农产品加工生产设置观光工厂、DIY 加工体验等项目，这既是对乡村休闲旅游产品项目的丰富，又可以通过旅游观光提升加工企业品牌形象及价值，促进加工企业提档升级发展。

3. 融合结果

"3+2"型融合路径的发展，将促进建成一批米坊、油坊、磨坊等规范化加工车间，打造一批集参观、DIY 体验、科普教育、特色餐饮、伴手礼展销于一体的体验式工厂及创意加工体验项目，构建一批以"观光工厂"为特色的精品旅游线路，促进农产品加工业与乡村休闲旅游业的不断融合发展。

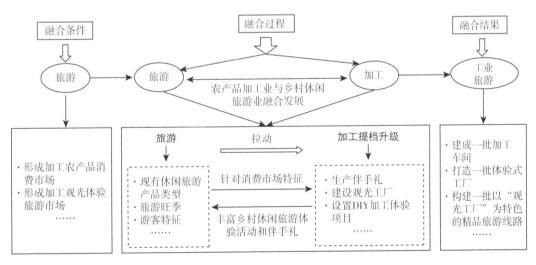

图 4-11 "3+2"型融合模型（重庆市农业科学院 绘制）

（三）"3+1+2"型融合路径

"3+1+2"型融合路径（图 4-12）即基于乡村休闲旅游发展带动现代农业基地、伴手礼加工业的发展。该路径的起点是乡村休闲旅游业的发展壮大。

1. 融合条件

乡村休闲旅游业拉动一产、二产发展，前提是乡村休闲旅游业发展带来较大的优质农产品、加工伴手礼消费市场，以及农业观光体验、加工参观体验旅游市场。

2. 融合过程

"3+1+2"型融合路径的融合发展实质是乡村休闲旅游业发展壮大产生了集聚效应和辐射效应，不断集聚资源要素促进现代农业发展，不断扩大市场辐射拉动产品销售和体验消费，促进一产、二产不断发展的过程。融合发展中，一是因地制宜引导实力较强的乡村休闲旅游经营主体进一步丰富农产品基地、提升农产品品质、延伸农产品加工链条，引导实力较强的农产品加工企业拓展加工产品类型，结合乡村休闲旅游需求开发加工伴手礼，实现现有主体自我融合发展壮大。二是依托区域乡村休闲旅游发展优势，吸引新的龙头主体入驻，针对区域乡村休闲旅游特色化、差异化、多样化发展要求建设农旅融合基地、优质农产品生产基地、乡土工坊、体验式工厂等项目，进一步丰富区域乡村休闲旅游产品。

3. 融合结果

"3+1+2"型融合路径的发展，将促进区域支柱型农业产业和伴手礼加工业的培育壮大，建成一批"种养＋加工＋休闲"一体化融合发展景区、现代农业产业基地、观光工厂，最终发展形成大景区、大基地、大工厂。

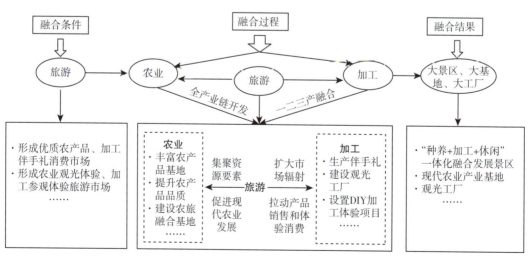

图 4-12 "3+1+2"型融合模型（重庆市农业科学院 绘制）

第五章 典型案例分析

一、"1+"型融合发展典型案例

（一）案例基本情况

喜观农场位于重庆市璧山区七塘镇喜观村，总面积210亩，距七塘镇约4千米，距璧山县城约32千米，距重庆江北区、渝北区等主城区约1小时车程，地处国家（璧山）农业科技园区核心区、璧山区壁北十万亩蔬菜基地核心区、璧北市级现代农业综合示范工程区，拥有现代农业发展各种政策支持和先行先试优势，区位交通条件较好。农场建设按照生态大循环、绿色大健康、亲情大厚爱和文化大发展的理念，以农业科普教育和农耕文化为特色，集昆虫科研、昆虫繁育、昆虫科普、亲子活动、民宿餐饮于一体，建设有农业科普长廊、农耕文化馆、昆虫馆、蔬菜种植区、果树种植区、水稻种植区、水产养殖区、动物养殖区、民俗体验区（图5-1）。该农场是科技部首批农业星创天地、重庆市中小学社会实践教育基地、重庆市科普教育基地、重庆市研学旅行示范基地，示范带动作用较强。

图 5-1　喜观农场全景图
（重庆市农业科学院　摄）

（二）融合发展路径

喜观农场按照农村一二三产业融合发展理念，采取"1+2+3"融合路径（图5-2），以农业优势资源为基础，以涉农经营组织为主体，以循环利用及加工为纽带，将生态种植、生态养殖、生态加工、生态休闲观光四个子系统进行有机串联，形成农业内外部紧密协作、循环发展的生产系统，实现各子系统间物质、能量闭合循环利用，最大限度地利用各种资源，促进产业循环边界由种养向加工、休闲旅游系统扩展，提升农业生产、生活、生态价值空间。

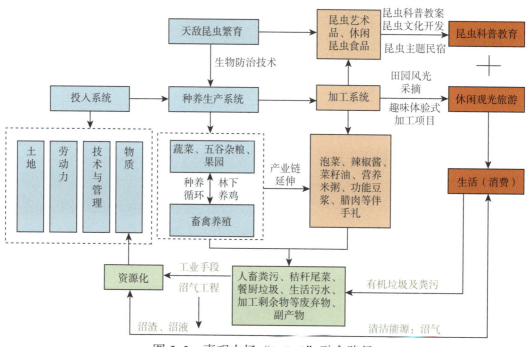

图 5-2　喜观农场"1+2+3"融合路径

1. 一产生态循环种养系统为基础

基于喜观农场土地资源、自然条件等，因地制宜建设生态种养基地，实现种养系统内部物质、能量的闭合小循环，为二产加工提供农业原材料，为三产生活功能拓展提供观光采摘体验项目和生态有机农产品。喜观农场因地制宜发展了五谷杂粮、果树、蔬菜种植基地和渔业养殖基地，并进行天敌昆虫繁育。在种养循环系统构建中，一是充分利用果树林下、林上立体空间，进行果树林下养鸡、果树林下种植牧草、果树树干种植铁皮石斛等立体生态种养，林下套种的牧草可用于喂养生猪、家禽等畜禽，同时对果园土壤也起到固碳增肥作用。二是充分利用种养系统的废弃物进行资源化利用，包括将粮果蔬生态种植产生的农作物秸秆、尾菜等与牧草一起用作生态养殖的青饲料；将部分农作物秸秆及丢弃的尾菜与生态养殖的粪污和生态餐厅厨余垃圾混合一起，经过合适的预处理后进入车厢式干发酵成套装备进行厌氧发酵，产生的沼气提供给农场内的农家小院生态餐厅用作炊事，沼渣用作生态种植的有机肥，沼液通过肥水一体化灌溉管网系统灌溉果园；同时，将生态种植的部分尾菜与生态养殖的猪粪和厨余垃圾混合作为蚯蚓养殖的饵料，蚯蚓又可作为农场内渔业养殖基地的鱼饲料。

2. 二产生态加工系统为延伸

在一产生态循环种养系统的基础上，利用生态农产品原材料进行加工，促进产业边界由种养向加工系统扩展，实现加工增值。喜观农场主要基于蔬菜、水果、粮油、畜禽等生态农产品，进行了泡菜、辣椒酱、发酵型血橙等果酒、菜籽油、有机大米、营养米粥、功能豆浆、腊肉等产品加工，设计了"多彩营养搭""五彩面条"自制伴手礼等趣味体验式加工项目，并围绕昆虫主题进行昆虫艺术品、休闲昆虫食品等产品生产，为三产休闲观光游客提供特色伴手礼。

3. 三产生态休闲观光系统为拓展

基于农业的观光、采摘、食用等自身属性功能，通过农田景观营造、体验项目设计、产业文化挖掘、关联文化融入，建设休闲观光采摘园，以及农事、美食、科普教育、特色住宿等体验基地，使农业的单一生产供给功能向生态保障、观光旅游和文化传承等功能拓展。喜观农场结合一产农业基础，发展了水果采摘、观赏蔬菜观光、油菜花观光、艺术稻田、生态垂钓、昆虫民宿等休闲观光体验项目；并依托重庆市农业科学院科技支撑开展昆虫科普教育活动，包括建设昆虫馆，开发昆虫主题课程体系，设置昆虫宝石、蝴蝶针插标本、叶脉书签等昆虫互动体验项目，打造昆虫稻草雕塑、蚂蚁农耕雕塑广场等景点。

（三）融合发展效果

1. "种养－加工－休闲"生态系统循环发展效益明显

喜观农场通过采取"1+2+3"融合路径，构建起了"种养－加工－休闲"一体化生态循环农业模式，实现了对畜禽粪便、农作物秸秆、尾菜、厨余垃圾等农业有机废弃物的充分利用，形成了各子系统间物质、能量闭合循环利用线路，取得了较好的经济、社会、生态效益。根据调查，喜观农场果园林下养鸡每年养殖两批共 600 只鸡，按 100 元 / 只计算，果园平均每年养鸡增收 6 万元 / 年；果园林下养鸡和林下套种紫云英可节省果园除草成本 3 000 元 / 公顷，共 4 000 元 / 年；沼渣沼液作为有机肥施用蔬菜基地及果园，按平均每年节省化肥 3 000 元 / 公顷计算，基地约 12 公顷可节约 3.6 万元 / 年；共计节本增效约 10 万元 / 年。同时，模式的运用极大减少了农业废弃物无序排放对环境的污染，农场内畜禽粪便、农作物秸秆、尾菜、厨余垃圾等有机废弃物处理利用率达到 95% 以上，基本实现农场内有机废弃物零排放。蔬菜和果园使用畜禽粪便和秸秆等有机肥替代化肥达到 30% 以上，生态环境质量明显改善提升。

2. 科普休闲农旅融合新型业态培育形成

喜观农场通过拓展农业功能，积极培育发展了休闲观光农业、农业科普教育等新型业态。在科普教育方面，喜观农场根据《中共中央国务院关于深化教育改革全面推进素质教育的决定》《教育部等 11 部门关于推进中小学生研学旅行的意见》等文件精神，以重庆市农业科学院昆虫研究团队为技术支撑，整合多个学校的自然科学课师资团队，开展昆虫主题科普教育。建成了昆虫馆（图 5-3），设计开发了昆虫主题课程 1 套、昆虫互动体验项目 5 个，制作了昆虫主题稻草雕塑 7 个（图 5-4）、蚂蚁农耕雕塑 8 个（图 5-5）。在休闲观光农业方面，开展了柑橘、蓝莓、草莓、蔬菜等绿色果蔬采摘活动；策划了浑水摸鱼、喂养小动物等体验活动；引进了白色、黄色、紫色等彩色水稻品种，构建了五彩水稻天鹅图（图 5-6）；依托生态渔业基地发展了垂钓休闲；打造了油菜花观光基地等。

图 5-3　昆虫馆（重庆市农业科学院　摄）

图 5-4　昆虫主题稻草雕塑（重庆市农业科学院　摄）

图 5-5　蚂蚁农耕雕塑（重庆市农业科学院　摄）

图 5-6　五彩水稻天鹅图（重庆市农业科学院　摄）

3. 新品种新技术引进集成示范效果突出

喜观农场是重庆市农业科学院打造的重庆农村一二三产业融合发展示范基地，在重庆市农业科学院的技术人才支撑下，积极围绕农场"种养－加工－休闲"模式发展技术需求，进行适宜三产融合发展的新品种、新技术引进集成示范。目前，喜观农场在新品种筛选示范方面，引进示范了龙眼"蜀冠""大乌圆"等热带水果；黑米、红米、紫米等彩色水稻品种和观赏油菜新品种；筛选出了适宜休闲观光、采摘、阳台种植等需求的特色蔬菜品种 20 个。在新技术集成示范方面，重点进行了农业害虫绿色防控技术集成示范、种养立体循环农业技术集成示范、蔬菜有机栽培技术集成示范，以及农产品加工流通关键技术集成示范。喜观农场为项目所在地璧山区、渝西地区，乃至重庆市农村三产融合发展提供了示范样板和技术支撑。

二、"2+"型融合发展典型案例

（一）案例基本情况

派森百（忠县）基地位于国家级田园综合体"三峡橘乡"核心景区，占地 2 000 余亩。基地建有脱毒容器育苗圃、可食用柑橘品种资源圃、早中晚熟配套的多品种甜橙标准化基地、NFC 橙汁生产厂、橙汁无菌大罐冷链生产线、年产 36 万吨废弃果皮综合利用生产线、中国三峡柑橘文化时空馆和柑橘文化沙龙、柑橘产业致富带头人培训基地、橘艺坊、橙汁体验馆、学生营地、皮渣循环利用蔬果种植馆等。基地先后承担国家柑橘产业相关的二十多项科研攻关课题，获得专利上百项，获批"重庆干部培训基地""重庆市科普基地""中小学社会实践教育基地""重庆市致富带头人培训基地"。整个基地形成了"从一粒种子到一杯橙汁，从榨干吃尽到一网打尽"的产加销研学旅完整产业链。

（二）融合发展路径

派森百（忠县）基地始终以全产业链思路发展柑橘产业，从"建链、补链、延链、强链、优链"等环节着手，采取"2+1+3"融合路径，以柑橘精深加工为核心，以龙头企业为主体，将科技研发、种植生产、加工销售、农旅融合等板块进行有机串联，形成柑橘产业全要素深度融合，大力提升农业生产、生活、生态价值空间。

1. 二产柑橘精深加工为核心

派森百（忠县）基地加工厂占地200余亩，建有NFC橙汁生产厂、橙汁无菌大罐冷链生产线，建成了现代化柑橘皮渣利用加工厂，加工链不断延伸。实现年加工柑橘4万吨，生产橙汁1.5万吨，加工产值3.5亿元。

2. 一产柑橘种植生产为基础

为了保障加工橙汁的高品质，派森百（忠县）基地在其整个产业链上都实行了严格的质量管理。建立自己的柑橘种质资源库，从砧木种子引进、采穗圃建立、母本树的筛选、嫁接技术、基质选择及处理等都制订有技术规程，严格把关，确保每一株苗无病毒、生长健壮，构建柑橘无病毒三级良种繁育体系，培育出早熟品种哈姆林、早金，中熟品种北碚447、铜水72-1，晚熟品种奥林达、路德红橙汁加工专属柑橘品种，全面实现柑橘育苗的无病毒、工厂化和容器化育苗。通过流转土地，实行"公司＋基地＋农户"的合作模式，按照"标准化、集约化、规模化、现代化"的建园要求，打造标准化、现代化果园，建成22万亩早、中、晚熟配套的优质柑橘加工原料基地，加工期长达7个月。

3. 三产农旅融合发展为拓展

派森百（忠县）基地以橘为媒，聚焦产业功能拓展，已打造中国三峡柑橘文化时空馆和柑橘文化沙龙、橘艺坊、橙汁体验馆、生态蔬果园、儿童乐园、趣味牧场、成长林－定制果园、露营群等多个农旅融合景点，积极开展柑橘产业致富带头人培训、中小学社会实践教育，通过科学性、知识性、互动性相结合的展览展品及体验式活动，让游客通过亲身参与，加深对农业与技术的理解和感悟，激发对农业的好奇心和兴趣，在潜移默化中提高科学素质，从而实现农文旅融合。

（三）融合发展效果

近年来，派森百（忠县）基地为忠县柑橘乃至全市柑橘产业注入了更多科技、信息、文化、旅游等元素，促进了循环农业、观光农业、体验农业、智慧农业、生态康养等柑橘衍生业态的发展，有效地拉长了柑橘产业链，促进农民持续增收。

1. 提升了柑橘加工生产能力

派森百（忠县）基地独具优势的锥汁工艺、橙汁的多品种优势和调配技术，为重庆各个柑橘产地解决了产出时间不同、品种单一、橙汁口感不稳定、品质高低不一的难题，通过不添加任何添加剂的多品种橙汁搭配方式，实现重庆各产区小果、次果加工榨汁，可全年生产出质量优秀稳定、符合市场需求的标准化工业橙汁产品。目前，基地年生产能力由10万吨增加至30万吨，覆盖带动全县及周边30万果农增收致富。

2. 实现了柑橘产业绿色发展

派森百（忠县）基地坚持"绿水青山就是金山银山"发展理念，大力发展生态循环农业，已形成一条"柑橘－果汁－植物原料－有机肥－柑橘"的产业循环链。在种植环节，成功构建了"绿肥＋有机肥＋配方肥""有机肥＋配方肥""自然生草＋有机肥＋配方肥""果－沼－畜"等四种模式。积极发展林上蜂、橘园鸡、橘香猪、橘下草等生态种养业，种植苕子绿肥达3万亩，建成生态栽培示范基地1万亩，有效控制农业面源污染。在加工环节，建成柑橘皮渣处理厂2座，探索出了皮渣饲料化、肥料化加工技术，皮渣经加工后可作为生猪饲料和有机肥，真正实现了皮渣"榨干吃尽"和"零"污染。

3. 打响了重庆柑橘产品品牌

派森百橙汁作为中国驰名商标，已连续十二年成为中南海、人民大会堂国宴饮品。产品已通过日本、德国权威机构的检测，并通过ISO 9001和SGS的HACCP体系认证。目前，派森百系列产品已销往日本、中国香港、瑞士等地，成功实现中国NFC橙汁出口零的突破。

4. 提升了产业融合发展水平

派森百（忠县）基地稳步推动农旅融合发展，以"柑橘＋"为核心，创新产业深度融合发展模式，已探索出"柑橘＋休闲观光""柑橘＋文化旅游"及"柑橘＋体育健身"三大模式，建成柑橘交易中心、柑橘大数据中心、智慧柑橘研究中心、"橘源里の主题民宿"等配套设施，以及智慧橘园、青龙湖湿地、香花槐大道、橘乡荷海、桃李梦园、七彩田园等景点。积极开展了三峡橘乡田园综合体组团游、体验"橘源里の主题民宿"、田园艺术节、忠橙柑橘采摘节、钓鱼比赛、"诗词名家、书画名家、摄影名家"创作采风、"组团游＋研学游"等10余项配套活动，带动1万余名农民就业，农民年人均可支配收入达 2.5 万元以上，年接待游客 100 万人次以上。

三、"3+" 型融合发展典型案例

（一）案例基本情况

放牛村位于南岸区南山街道南山森林公园及南山–南泉风景名胜区内，森林覆盖率达 72%，林木资源丰富，自然生态环境好。距南岸区政府 17 千米，与重庆主城各大商圈、机场约 30 分钟车程，村内主要道路畅通，水、电、通信全覆盖。放牛村产业发展走 "生态产业化、产业生态化" 的道路，以花卉苗木和乡村旅游为主，花卉苗木种植面积达 3 060 亩；拥有桃花园、腊梅园、杜鹃园、盆景园、石斛园五大休闲农业园区，是主城人群周末休闲游、乡村游的首选地；拥有 "南麓" "鉴宽山房" "南山里" 等精品民宿 16 家，年接待游客总量 3.8 万人次，年总营业额 2 300 万元，形成了初具规模的南山民宿集群，是全市拥有民宿最多的村。放牛村积极推进农村人居环境整治，成功申报全市乡村振兴重点村，先后获评重庆市美丽乡村、重庆市 "康居佳苑" 美丽宜居村庄、重庆市 "绿色示范村庄"、全国乡村治理示范村、全市 "一村一品" 示范村。

（二）融合发展路径

放牛村采取 "3+1+2" 融合路径，基于南山森林公园及南山–南泉风景名胜区休闲旅游发展带动全村花卉苗木产业、民宿产业及伴手礼加工业的发展。通过休闲旅游优势资源带动游客对农业观光、农产品消费、农事体验等的需求，不断促进放牛村提升居住品质、丰富产业类型，推动产业衍生品生产，多维度提升乡村产业融合发展。

1. 三产休闲旅游为主导

放牛村整合优势资源，紧抓 "生态产业化、产业生态化" 的发展主线，以 "生态发展" 为主题，突出南山民宿集群优势，树立重庆市精品民宿示范村的品牌；抓出花卉苗木潜力产业——盆景艺术，打造特色盆景院落；挖掘乡土 "牛" 文化及生态文化，树立放牛文化旅游品牌；推进农村人居环境整治、旅游路线完善、乡村生态环境修复、村庄绿化美化，将放牛村建成市级乡村振兴示范村及生态振兴示范村。放牛村规划形成 "一园八景一

基地"空间结构，通过"五大具体行动、十六项具体工程"来推动全村全域乡村振兴。目前已建成桃花园、杜鹃园、石斛园、铜锣花谷、魔名奇妙花园、露营基地、千米森林步道、环湖步道等休闲旅游项目，其中，杜鹃园已成为主城市民周末打卡的网红地。放牛村引入中高端民宿16家，"南麓""鉴宽山房""开门见山"等已成网红民宿，农家乐2家，配套建成了民宿设计工作室、生态疗养馆、美术馆和书院等休闲项目，引领南山成为周末高端休闲旅游度假地。

2. 一产生态种植为基础

放牛村以花卉苗木为主，主要种植罗汉松、杜鹃、桂花、桃花、腊梅、黄葛树等品种，种植面积达3 060亩。在苗木市场不景气的大背景下，放牛村另辟蹊径将杜鹃、桃花、腊梅、罗汉松等集中成片栽植，充分利用花卉苗木的景观效益及紧临主城的区位优势，建成杜鹃园、桃花园、腊梅园、盆景园等休闲观光园，打造春游桃花、夏憩民宿、秋赏盆景、冬采腊梅的全域全季全时乡村旅游精品线路，逐步推动放牛村一产种植向三产融合发展转型升级。此外，在三产带动的基础上，放牛村还建成了花木展销中心，成立了花木专业合作社，进一步促进了苗木种植产业的发展。

3. 二产精深加工为补充

放牛村结合腊梅产业园的优势，挖掘腊梅产业的加工潜力，制作腊梅古桩盆景、果树盆景等特色产品，探索研发腊梅香包、精油、香水、香皂、面霜、面膜等特色伴手礼产品。

（三）融合发展效果

1. 融合生态产业与乡村旅游，实现乡村振兴

放牛村坚持"绿水青山就是金山银山"的理念，坚持党建引领乡村振兴，因地制宜发展了乡村公园、花卉苗木、特色民宿三大主导产业。坚持以乡村公园迎来客人，特色民宿留住客人，花木苗木吸引客人的产业链，先后获得全国文明村、全国乡村治理示范村、全国乡村旅游重点村、中国美丽休闲乡村等国家级荣誉。2021年村集体收入近380万元，人均可支配收入3.8万元，人均分红2 400元。中央电视台"走进乡村、看小康"专题栏目、新闻联播、焦点访谈、学习强国等国家主流媒体均对放牛村发展模式进了报道。放牛村已成为重庆城乡融合发展示范地和市民休闲打卡的网红地。

2. 形成利益联接机制，实现三产深度融合

放牛村积极开展"三变"改革试点工作，在现有杜鹃园网红旅游景点资源的基础上，探索形成了"农户＋村民小组＋村集体经济组织"的联农带农利益联接机制。村集体经济组织成立专业合作社，负责杜鹃园的管理、营销、包装、招商引资等工作。专业合作社提取收入的15%作为运营维护资金，其余85%收入，按照村集体经济组织占26%、村民小组占25%、农民股东占49%的比例进行分红。其中，村民小组分红主要用于村民小组内未直接参与分红的大部分村民，农民股东按要求自行管理好园区花卉栽植和管护，其分红的具体份额则以种植的土地面积来认定。这样的利益联接机制，最大限度调动农户、村民小组、村集体经济组织的积极性，既解决了少部分人员使用集体资产获得收益后应承担相应义务的问题，又平衡了各方矛盾，也促进了村集体资产和村民小组资产的保值增值，带动了农民致富增收，推动三产实现深度融合。

参 考 文 献

毕于运，寇建平，王道龙，等，2008．中国秸秆资源综合利用技术 [M]．北京：中国农业科学技术出版社．

柴志强，朱彦光，龙云，等，2016．基于黑水虻的生态循环农业模式 [J]．农业与技术，3（16）：34．

陈丽娜，2015．国外支持农村一二三产业融合发展的实例 [J]．农村工作通讯（18）：35-36．

陈永福，2019．农村三产融合发展的域外经验 [J]．国家治理，1（3）：60-66．

陈艳洁，2019．果园生草技术概述 [J]．现代农业 (4):40-41．

陈扬开，2020．渔樵耕读·新农村书院文化功能空间研究与设计 [D]．吉首：吉首大学．

陈田甜，2020．武隆懒坝大地艺术节"在地"设计研究 [D]．重庆：四川美术学院．

程凌燕，2021．新型农业经营主体推动农村三产融合发展路径研究 [J]．农业经济（8）：50-52．

程艳，2020．城中村"美丽庭院"微治理的探索与实践——以金山区金山卫镇两村为例 [J]．上海农村经济（11）：18-20．

戴春，2016．农村一二三产业融合的动力机制、融合模式与实现路径研究——以安徽省合肥市为例 [J]．赤峰学院学报：自然科学版，32（6）：40-43．

戴芳，2011．我国农产品加工业财税政策研究 [D]．杨凌：西北农林科技大学．

段莹，卢亮红，李莺，2021．乡村振兴背景下乡村书院设计创新与实践——以河南省兰考县胡寨村 [J]．福建建筑（2）：31-33．

高林英，王秀峰，2008．论农业的多功能性及其价值 [J]．理论前沿（23）：27-28．

高源，张龙，吴宜文，等，2022．现代工厂化鱼菜共生绿色生态循环系统建立与应用 [J]．温室园艺（3）：43-47．

龚国懿松，2022．水肥一体化技术在砂糖橘栽培中的应用 [J]．农机管理与推广（2）：45-47．

郭佳俐，郑蕾，朱立新，等，2021．畜禽粪便资源化处理的研究进展 [J]．中国乳业（11）：47-55．

郭森，苏晓梦，龚慧，2019．原生态民宿在运营管理中存在的问题调查与分析——基于大理、丽江 [J]．营销界（35）：96-98．

韩晓莹，2017. 演进式视角下农村产业融合发展的中国式探索 [J]. 商业经济研究（5）：189-192.

贺达汉，2009. 农业景观与害虫种群控制 [J]. 植物保护，35（3）：12-15.

胡艳娟，2011. 论豫剧的法律保护 [D]. 北京：中央民族大学.

黄福江，高志刚，2016. 国内外农业产业集群研究综述与展望 [J]. 新疆农垦经济（3）：87-92.

黄泽颖，王济民，2014. 法荷日韩农产品加工财政支持政策的启示 [J]. 世界农业（9）：63-66.

计长远，范文仲，2014. 资阳市农业经营性服务的现状及发展对策 [J]. 四川农业与农机（5）：11-12.

姜长云，2016. 推进农村一二三产业融合发展的路径和着力点 [J]. 中州学刊（5）：43-49.

蒋逸民，2008. 关于农业产业链管理若干问题的思考 [J]. 安徽农业科学，36（22）：9748-9749.

金玉娇，2021. 稻渔共生生态高效种养模式应用分析 [J]. 南方农业（3）：28-29，60.

李爱军，2019. 农业发达国家农村一二三产业融合主要措施及启示 [J]. 怀化学院学报，38（4）：30-36.

李国珍，2013. 借鉴国外农业税收制度经验完善中国农业税收政策建议 [J]. 世界农业（8）：73-76.

李坪霏，2013. 当代汉字字体创意思路简析 [J]. 现代装饰（理论）（9）：150.

李乾，2017. 国外支持农村一二三产业融合发展的政策启示 [J]. 当代经济管理，39（6）：93-97.

李先德，孙致陆，2015. 法国农业合作社及其对中国的启示 [J]. 农业经济与管理（2）：32-40，52.

李小龙，2019. 秸秆的黄粉虫过腹转化及残渣的综合利用 [D]. 重庆：重庆工商大学.

李艳琦，2023. 农村三产融合、生产性服务业集聚与农业产业链供应链现代化 [J]. 中国流通经济，37（3）：48-59.

李杨，马占飞，康俊港，等，2022. 畜禽粪便养殖蚯蚓的研究进展 [J]. 今日畜牧兽医（1）：85-87.

李玉磊，李华，肖红波，2016. 国外农村一二三产业融合发展研究 [J]. 世界农业（6）：20-24.

廉凤丽，2022. 畜禽粪便好氧堆肥处理技术研究 [J]. 畜禽业（2）：36-37.

刘松涛，王毅鹏，王林萍，2018. 日本农业六次产业化对破解我国农村三产融合困境的启示 [J]. 农业经济（4）：3-5.

刘万才，朱景全，赵中华，等，2021. 我国农作物病虫害绿色防控的研究进展 [J]. 植物医生，34（5）：5-12.

刘玉，冯健，2016. 城乡结合部农业地域功能研究 [J]. 中国软科学（6）：62-72.

马边防，2016. 黑龙江省现代化大农业低碳化发展研究 [D]. 哈尔滨：东北农业大学.

倪景涛，李建军，2005. 荷兰现代农业发展的成功经验及其对我国的启示 [J]. 学术论坛（10）：80-83.

聂晨辉，2021. 测土配方施肥技术在农业生产中的意义 [J]. 农业工程技术：综合版（8）：40-41.

欧小琼，2019. 长江上游地区农村产业振兴的几点思考 [J]. 乡村科技（20）：43-44.

彭西，2010. 多功能性视角下的农业生态旅游及其时代意义 [C]. 第三届全国科技哲学暨交叉学科研究生论坛文集.

秦丞志，张奇，赵建伟，等，2022. 餐厨垃圾干式厌氧发酵技术研究进展及展望 [J]. 现代化工，42（2）：1-5 转 9.

覃诚，方向明，2021. 日本"六次产业化"：政策背景、主要举措与启示 [J]. 经济体制改革（6）：171-177.

钱琳，2011. 西部大开发与少数民族非物质文化遗产的法律保护 [J]. 宁夏党校学报（2）：67-70.

冉果，2020. 重庆市智慧农业发展水平测度分析与对策研究 [D]. 重庆：重庆师范大学.

孙建鸿，邱凌，邱洪臣，2019. 典型农业生态工程及综合评价 [M]. 杨凌：西北农林科技大学出版社.

孙龙，2021. 一二三产业融合对山东省农业农村现代化建设的促进作用与路径研究 [J]. 智慧农业导刊（1）：44-50.

唐德才，张燕，石宇，2019. 我国农村产业融合的现状、问题及发展路径 [J]. 江苏农业科学，47（19）：1-5.

吴兆娟，丁声源，韦秀丽，等，2022. "种养－加工－休闲"一体化乡村产业融合发展模式研究 [J]. 农业展望，18（7）：46-51.

吴兆娟，高立洪，高冬梅，等，2020. 乡村振兴背景下重庆农旅融合典型模式构建与优化 [J]. 农业展望，16（6）：63-69.

王冬，栾春凤，2016. 非物质文化遗产的景观表达 [J]. 现代园艺（16）：2.

王栓军，2015. 我国现代农业发展路径的产业融合理论解析 [J]. 农业经济（10）：34-35.

王艺，王耀球，2004. 构建新型农业产业链 [J]. 中国储运（5）：29-31.

无名，2019. 对"认养农业"的理解 [J]. 新农业（8）：51.

汪晓云，2007. 设施园艺与观光农业系列 1——观光农业及其内涵 [J]. 农业工程技术

（温室园艺）（7）：46-47.

王成，何焱洲，2020. 重庆市乡村生产空间系统脆弱性时空分异与差异化调控 [J]. 地理学报，75（8）：1680-1698.

王佳程，李想，2021. 畜禽粪便好氧堆肥技术研究综述 [J]. 中国畜禽种业（11）：88-89.

王克修，徐芳，2021. 推动乡村文化旅游高质量发展的路径探析 [J]. 中国国情国力（7）：27-30.

王胜，屈阳，王琳，等，2021. 集中连片贫困山区电商扶贫的探索及启示——以重庆秦巴山区、武陵山区国家级贫困区县为例 [J]. 管理世界，37（2）：95-106，8.

王筱，王远华，2016. 发展现代特色农业的重庆模式 [J]. 农经（5）：26-31.

韦秀丽，蒋滔，徐进，等，2019. 重庆市生态循环农业发展研究 [J]. 湖北农业科学，58（13）：169-172，176.

温凌嵩，宋立华，臧一天，等，2020. 蚯蚓处理畜禽粪便研究进展 [J]. 家畜生态学报，41（7）：85-89.

肖卫东，杜志雄，2015. 家庭农场发展的荷兰样本：经营特征与制度实践 [J]. 中国农村经济（2）：83-96.

肖卫东，杜志雄，2019. 农村一二三产业融合：内涵要解、发展现状与未来思路 [J]. 西北农林科技大学学报：社会科学版，19（6）：120-129.

肖晓华，杨昌洪，黄秀平，2022. 秀山县2021年柑橘病虫害绿色防控的做法与成效 [J]. 农业科技通讯（2）：300-302.

肖铁桥，李保民，2018. 传统聚落的非物质文化遗产活化保护研究——以安徽省绩溪县伏岭镇 [J]. 安徽建筑大学学报：自然科学版（3）：6.

徐盛生，东莎莎，2022. 水肥一体化技术在设施蔬菜中的应用及推广 [J]. 河南农业（11）：27-28.

姚君喜，2005. 抽象表现：现代艺术设计的元语言 [J]. 包装与设计（2）：3.

袁学华，2021. 畜禽粪便好氧堆肥和厌氧发酵过程中典型抗生素消减研究进展 [J]. 池州学院学报，35（6）：32-36.

曾丽英，2022. 水稻病虫害绿色防控技术 [J]. 乡村科技，13（4）：48-50.

詹瑜，崔嵬，2012. 农业产业链理论与实证研究综述 [J]. 贵州农业科学，40（5）：214-218.

张连俊，2021. 黄粉虫和黑水虻联合转化厨余垃圾及虫沙应用初探 [D]. 乌鲁木齐：新疆农业大学.

张满园，张学鹏，2009. 基于博弈视角的农业产业链延伸主体选择 [J]. 安徽农业科学，37（1）：397-399.

张其仔，许明，2022．实施产业链供应链现代化导向型产业政策的目标指向与重要举措 [J]．改革，341（7）：48-59．

赵放，刘雨佳，2018．农村三产融合发展的国际借鉴及对策 [J]．经济纵横（9）：122-128．

赵霞，韩一军，姜楠，2017．农村三产融合：内涵界定、现实意义及驱动因素分析 [J]．农业经济问题，38（4）：49-57，111．

赵霞，姜利娜，2016．荷兰发展现代化农业对促进中国农村一二三产业融合的启示 [J]．世界农业（11）：21-24．

郑风田，乔慧，2016．农村一二三产业融合发展的机遇、挑战与方向 [J]．中国合作经济（1）：27-31．

朱德文，吴爱兵，王鹏军，等，2014．柔性顶膜车库式干发酵装置运行参数优化 [J]．农业工程学报，30（21）：226-233．

宗锦耀，2015．以农产品加工业为引领推进农村一二三产业融合发展 [J]．农村工作通讯（13）：19-22．

宗锦耀，2017．农村一二三产业融合发展理论与实践 [M]．北京：中国农业出版社：110-114．

左两军，张丽娟，2003．农产品超市经营对农业产业链的影响分析 [J]．农村经济（3）：161．

图书在版编目（CIP）数据

重庆农村一二三产业融合发展技术与路径 / 高立洪，李萍，吴兆娟主编. —北京：中国农业出版社，2023.6
ISBN 978-7-109-30804-6

Ⅰ. ①重… Ⅱ. ①高… ②李… ③吴… Ⅲ. ①农业产业—产业发展—研究—重庆 Ⅳ. ①F327.719

中国国家版本馆CIP数据核字（2023）第108677号

中国农业出版社出版
地址：北京市朝阳区麦子店街18号楼
邮编：100125
责任编辑：张艳晶
版式设计：小荷博睿 责任校对：吴丽婷
印刷：北京盛通印刷股份有限公司
版次：2023年6月第1版
印次：2023年6月北京第1次印刷
发行：新华书店北京发行所
开本：787mm×1092mm 1/16
印张：9
字数：147千字
定价：68.00元